寻找大语文系列

寻找考试王国

学习提高篇

陈智文 著

人民邮电出版社

北京

图书在版编目（CIP）数据

寻找考试王国. 学习提高篇 / 陈智文著. -- 北京：
人民邮电出版社，2020.12
　（寻找大语文系列）
　ISBN 978-7-115-55195-5

　Ⅰ. ①寻… Ⅱ. ①陈… Ⅲ. ①小学语文课－教学参考
资料 Ⅳ. ①G624.203

　中国版本图书馆CIP数据核字(2020)第211521号

内 容 提 要

　　考试是对学习效果的测评和反馈，是学习过程中很重要的一个环节。随着高考的改革和各级质量检测的推进，小学阶段的语文考试变得越来越难。如何直面考试？如何调整考试心态？如何提高应试能力？本书从语文基础知识、阅读、写作三方面出发，让孩子跟随书中的主人公万卷书和万里路兄妹，一起踏上寻找考试王国的奇妙之旅，通过精彩的故事，对考试心态、能力培养娓娓道来。书末特别收录阅读测试卷，可以帮助孩子及时检验学习成果，大大提高学习效率。

◆ 著　　　　　陈智文
　责任编辑　　朱伊哲
　责任印制　　陈　犇
◆ 人民邮电出版社出版发行　　北京市丰台区成寿寺路 11 号
　邮编　100164　电子邮件　315@ptpress.com.cn
　网址　https://www.ptpress.com.cn
　大厂回族自治县聚鑫印刷有限责任公司印刷
◆ 开本：700×1000　1/16
　印张：12　　　　　　　　　2020 年 12 月第 1 版
　字数：119 千字　　　　　　2020 年 12 月河北第 1 次印刷

定价：45.00 元
读者服务热线：(010)81055296　印装质量热线：(010)81055316
反盗版热线：(010)81055315
广告经营许可证：京东市监广登字 20170147 号

谨以本书献给喜欢语文

和即将喜欢语文的孩子

总序
等你，在语文的世界

陈智文

　　二十年的语文教学经历中，给我留下最深印象的，是那年班上的一个学生。

　　因为生病，这个孩子近一个学期都请假在家，没有到校上课。为了接班的时候有成绩记录，我还是通知了孩子来参加期末考试。我本来对他的成绩不抱太大希望，没想到他给了我一个惊喜：班级前三！惊喜之余，我陷入了沉思：一个孩子语文素养的提升，究竟靠什么？

　　2019年，统编版小学语文教材推向全国。这套教材编撰上的一大亮点就是螺旋式上升的"语文要素"设计。"语文要素"包括什么？一般包括四个方面：语文知识、语文能力、语文策略、语文习惯。如果一个孩子有足够多的"语文要素"的积累，那么他的语文素养一定不会太差。而这些要素，除了靠语文老师课堂上的教学，更有赖于学生课外的积累。

　　我国著名语言学家吕叔湘先生说过，语文学习，三分得益于课内，七分得益于课外。这也就不难解释为什么那个孩子请假近一个学期，语文成绩却依然那么好。因为他从来没有停止过课外阅读，没有停止过语文学习。这也印证了特级教师于永正说的那句话："靠自己读书成长起来的学生，不但结实，而且有可持续发展的后劲。"

　　"靠自己读书""可持续发展的后劲"，这些字眼一直在我的脑海中盘旋，促使我下定决心，用"讲故事"的方式创作一套属于孩子们的语文读物。于是，就有了这套"寻找大语文"系列图书。这套图书包括《寻找语文王国（基础知识篇）》《寻找名家名作（阅读积累篇）》《寻找作文王国（写作技巧篇）》《寻找诗词王国（赏析背诵篇）》《寻找古文王国（启蒙诵读篇）》《寻找考试王国（学习提高篇）》，可以帮助孩子们在快乐阅读中全面掌握语文知识。

　　《寻找语文王国（基础知识篇）》以丰富的语文基础知识为素材，通过三个人物畅游"语文王国"的故事，把孩子们带入一个神奇的语文世界。书里有人物的喜怒哀乐，有扣人心弦的情节，还有层出叠见的悬念。鲜明的故事性与知识性、时代性、趣味性融为一体，让孩子们爱不释手。

《寻找名家名作（阅读积累篇）》依然是以故事为主线，但聚焦到了"阅读"这一语文学习的重要领域。全书介绍了中外文学史上极具影响力的七十八位作家及其作品，引领孩子们设身处地地进行多元体验，不仅能帮助孩子们快速积累文学知识，更能为其今后的深度阅读提供指引，并为其写作提供丰富的素材和话题。

《寻找作文王国（写作技巧篇）》将目标瞄准了语文学习的"硬骨头"——作文。全书通过精彩的故事、鲜活的细节，在不知不觉中巧妙地融合了各种作文写作知识、技巧和策略，让孩子们在趣味十足、从容自在的阅读中领悟作文的奥妙，真正做到"快快乐乐听故事，轻轻松松学作文"。

《寻找诗词王国（赏析背诵篇）》不是一般意义上的诗词讲解，而是一种全新的文化创作，让孩子们在引人入胜的故事情境中，亲近古诗词、爱上古诗词，感受古诗词的意趣美、意象美、意境美、意蕴美，将孩子的古诗词学习引向厚实与丰盈。

《寻找古文王国（启蒙诵读篇）》大致根据时间顺序，围绕一个个鲜明的主题，通过讲故事的方式，带领孩子们走进古文的情境中，让孩子们去倾听、去交流、去品悟，从而获得对古文的探究趣味，为孩子们的文言文学习打开一扇窗。

《寻找考试王国（学习提高篇）》指向能力提升与实践运用。如何轻松直面考试？如何提高思维力？如何修炼考场力？如何在语文基础部分少丢分？如何应对越来越难的阅读题？如何写出优秀的考场作文？如何在考试中正常发挥甚至超常发挥？书中对这些问题都一一作了解答。

感谢全国著名特级教师王崧舟、孙双金、张祖庆、周益民、张云鹰拨冗作序、倾情推荐！"寻找大语文"系列图书对于小学低年级的孩子而言，适合亲子共读；对于中高年级的孩子来说，完全可以自主阅读。

生活的外延有多广阔，语文的外延就有多广阔。让我们走进语文的天地，汲取成长的力量。

等你，在语文的世界。

推荐序
做个不怕考试的学生

全国著名特级教师　张云鹰

也许并不是每个人都需要通过考试来改变命运，但是，考试的背后，却能折射出一个人的学识、毅力以及素养。

随着高考的改革和各级质量检测的推进，小学阶段的语文考试变得越来越难。如何调整考试的心态？如何提高考试的能力？作为一所实验小学分管教学的校长，陈智文分享了他的宝贵经验。

重技巧，是本书的第一个特点。成功一定有方法，失败一定有原因，考试也不例外。如何轻松直面考试？如何提高思维力？如何修炼考场力？如何在语文基础部分少丢分？如何应对越来越难的阅读题？如何写出优秀的考场作文？如何在考试中正常发挥甚至超常发挥？本书对这些问题都一一作了解答。

重实例，是本书的第二个特点。常言道："是骡子是马拉出来遛遛。"技巧的掌握，离不开对实例的分析。本书所讲的每一个技巧，都配有相应的实例。讲基本方法，辅以丰富的素材；讲阅读能力，进行当场测验；讲作文技巧，立马写作互动。正是在一次次的实战当中，让孩子们读得更明白，记得更牢固。

重趣味，是本书的第三个特点。秉承"寻找大语文"系列图书轻松的风格，本书将一个个看似严肃的话题，以讲故事的方式进行讲解，配以生动的插图，带领孩子们走进情境当中，学习方法，交流感受，共同经历一段难忘而有趣的学习旅程。睿智幽默的施大作家，聪明可爱的万氏兄妹，一定会成为孩子们语文学习道路上的好伙伴。

考试是对学习效果的检查和评价，并起反馈作用，是学习中很重要的一个环节。愿孩子们都能在一次次的考试当中有所反思，有所收获，做个不怕考试的学生。

读书不苦，不读书的人生才苦。

教室只是小小的考场，人生才是大大的考场。

目　录

人物表

万里路，万卷书的哥哥，小学六年级。淘气调皮，机灵活泼，"两耳只闻窗外事"。

万卷书，万里路的妹妹，小学六年级。乖巧听话，手不释卷，"一心只读圣贤书"。

施大作家，大学者，四十多岁。和蔼幽默，自信乐观。通晓古今，学贯中西，上知天文，下知地理。此生有"三好"：读书，游历，喝酒。

人生没有白走的路

安福镇住着一户姓万的人家，男主人名叫万事通，不惑之年，妻子生下了一对龙凤胎，举家欢喜。万家父母一心希望儿女见多识广、饱读诗书，便给儿子取名万里路，给女儿取名万卷书。

世事往往就是这般巧合，正如父母所取的名字一样，兄妹俩性格爱好各不相同。儿子万里路淘气调皮，机灵活泼，"两耳只闻窗外事"；女儿万卷书乖巧听话，手不释卷，"一心只读圣贤书"。

从小到大，每个人经历过的考试数不胜数。单元考、期中考、期末考，每一次大家都希望能名列前茅，却常常事与愿违。如何在语文基础部分少丢分？如何应对越来越难的阅读题？如何写出优秀的考场作文？万氏兄妹所遇到的这些问题也是每个学生学习语文时必须要面对的。施大作家告诉我们，只有放平心态，掌握技巧，充分积累，精心准备，才能展现最好的自己。只有在一次次的考试当中，明白不足，积累经验，才能挑战自我，超越自我！

人生没有白走的路，每一步都算数。让我们向着考试王国——出发！

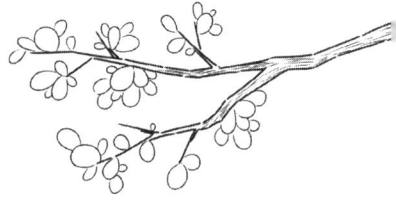

基础篇

1. 考试那些事儿

——如何轻松直面考试

"哎呀，为什么要去考试王国？我最怕考试了。"万里路哭哭啼啼。

"正是因为害怕，才要去寻找考试王国，才能寻得秘籍噢！"施大作家神秘一笑。

"这……这也太折磨人了吧！"万里路嘀咕，"从小到大，我天不怕地不怕，就怕考不好挨父母说。"

"我保证，只要你这一路用心学习，考试成绩肯定大有长进！"施大作家郑重地说。

"嗯，我也希望是这样啊！"万里路的情绪总算平复了下来。

"考考考，老师的法宝；分分分，学生的命根。到底为什么要考试呢？"一向成绩优异的万卷书也不明白其中的奥秘。

"考试是对学习效果的检查和评估，能起反馈作用，是学习中很重要的一个环节。"

　　施大作家回答后，把头转向万里路："你怕考试，到底都怕些什么呢？"

　　"您……您这是哪壶不开提哪壶啊！"万里路结结巴巴地说。

　　"知己知彼，百战不殆。只有找到问题，才能解决问题嘛！"

　　"我一提考试就紧张，总担心自己考不好会挨说。考试的时候，怕题目太难不会做，怕答题速度太慢来不及，怕答得不严谨被老师扣分。我最担心阅读和作文，这两个部分总是失分最多。"万里路竹筒倒豆子——全抖了出来。

"我完全理解你的担心。"施大作家笑着说,"不过,考试其实只是对日常学习效果的一次集中检测而已。日常准备充分了,再加上良好的心态,考试自然不在话下。"

"那该如何调整考试心态呢?"万卷书凑了过来。

"最重要的就是放松,用一颗平常心去面对!"施大作家说,"给你们讲个古代的故事吧。听说有位先生会测字,两名赶考的秀才就找上门去,都想知道自己科举能不能考中。王秀才随口报了个'串'字。测字先生满脸堆笑,赞不绝口:恭喜相公,定会连科及第,乡试如愿,会试成功。"

"什么是乡试,什么是会试啊?"万里路丈二和尚摸不着头脑。

"我国古代的科举考试分乡试、会试、殿试三级。乡试,每隔三年在各省省城举行,考中的叫举人;会试,乡试后第二年春天在京城贡院举行,举人才有资格参加,考中的叫贡士;殿试,由皇帝亲自主持,只有贡士才有资格参加。明、清殿试后分'三甲'录取,一甲三名赐'进士及第',第一名称'状元',第二名称'榜眼',第三名称'探花'。这一甲三人可以直接进入翰林院。"

"'十年窗下无人问,一举成名天下知。'难怪古人这么看重科举考试。"万卷书不禁感慨。

"是的,"施大作家表示赞同,"接前面的故事。张秀才一看王秀才测出这喜人的结果,也给测字先生报了个'串'字。没想到测字先生见了同样的'串'字，脸色却晴转多云，说：相公非但中举无望，且有大病之灾。"

"结局如何？"万里路十分好奇。

施大作家喝了一口茶，说："后来王秀才果然两试皆中，张秀才乡试便落第，急得大病了一场。为何测同一个字会有不同的结果？张秀才病愈后去请教测字先生。测字先生说：前一相公没用心想，随口报'串'字。此字由两个'中'组成，所以有两中之喜。而你是想了又想，有心报'串'字。'串'底加'心'字便成了'患'字，患得患失，最后患病。"

"面对考试，用心答题、不想胜负才是最好的心理状态啊！"万里路说。

"不仅是考试，比赛也是如此噢。"万卷书忽然想起读过的一个故事，"2004年雅典奥运会男子五十米气步枪决赛现场，美国一位著名的气步枪射击运动员一路领先。最后一枪，他只需要正常得分便能拿到金牌。然而，他朝着错误的目标开了枪，子弹打到了旁边一位选手的标靶上，这一枪他一分也没有得到，最终错失金牌。"

"更离谱的是，在四年后的北京奥运会上，悲剧重演！他再一次在最后一枪前保持住了较大的领先优势，只需要一个业余级别的 6.7 分就能稳夺金牌。然而这一次，他的手指一滑，过早开枪，得了一个 4.4 分，又一次错失金牌。"施大作家补充道。

"简直太不可思议了！"万里路惊讶极了。

"是啊，选手自己也解释不了，就说了四个字——莫名其妙。"施大作家笑了笑。

"我觉得这一定和心态有关。"万卷书猜测，"如果第一次失误是因为临近赛点而紧张错靶，第二次失误可能就是心理负担过重造成的。"

"可以这么理解吧。"施大作家表示认同，"心理学上有一个墨菲定律，简单地说就是'越怕出事，越会出事'。"

"讲得太对了，如果老是担心考不好，心就静不下来，最后还真的考不好。如果把成绩抛到一边，专心做题，说不定就能正常发挥，甚至能超水平发挥哩！"万卷书深有同感。

"当然，这只是心态方面的修炼。从另一个角度而言，把学习基础打扎实了，掌握一定的考试技巧，才是最关键的！"施大作家叮嘱道。

"那赶紧给我们讲讲考试有哪些技巧吧！"万里路显得迫不及待。

"好嘞，跟我走吧，现在就出发——"施大作家大手一挥。

2. 绘一张学习 "蓝图"

——如何制订学习计划

坐落于北京中轴线上的奥林匹克塔，是北京的一个新地标。

北京奥林匹克塔以 "生命之树" 为设计理念，寓意大地隆起开裂，生命之树破土而出、自然生长。树冠形态似礼花绽放，似清泉喷涌……五个高低不同的塔身在空中似合似分，造型独特，蕴含着奥运五环蓬勃向上的精神风貌。

"哇，真是太震撼了！" 一向内秀的万卷书也情不自禁地惊呼起来。

"可是，这和我们学习考试有什么关系？" 万里路倒是十分冷静。

"道理总是相通的。" 施大作家轻松一笑，"你们有没有想过，建成这样宏伟的建筑，第一步要做的是什么？"

"当然是充满创意的设计啦。" 万卷书不假思索，"没有好的设计，哪有这么经典的建筑！"

"讲得好！修建高楼大厦需要先有设计蓝图，然后再按照蓝

图去施工。学习同样需要设定目标并制订计划，这样才能学有所成。"施大作家言辞恳切。

"就像古人说的：凡事预则立，不预则废。"万卷书附和着。

"可是，到底应该如何设定学习的目标并制订计划呢？"万里路拼命挠着后脑勺。

"计划按时间的长短来分，有长期计划、中期计划、短期计划。"施大作家说："长期计划包括你长大以后要成为什么样的人，从事什么职业，为此在学业上要开始做哪些准备，等等。比如，你的理想是长大后成为一名医生，那么现在就可以开始接触一些医学著作。"

"噢，那中期计划呢？"

施大作家回答道："说得通俗些，中期计划包括要取得怎样的成绩，考上怎样的学校，等等。"

"明白了，就比如要成为医生，首先得考上医科大学，进行系统的学习。"万里路点点头，"那短期计划呢？"

"短期计划就是你每个月、每一周、每一天的安排。还是前面那个例子，要考上医科大学，每个学科的成绩肯定都不能落下。哪一科比较差，就要有针对性地多花时间进行补习。具体到语文学科来说，有的同学语文基础不过关，有的同学阅读能力比较差，有的同学写作能力比较差，这就需要有一个具体的提高计划，制订学习计划进行补习。每天应该看多少书，写多少字的日记等，都要做到心里有数。"施大作家循循善诱。

"噢，我明白了，有规划的学习的确是不一样啊！"万里路感慨。

"其实最难的还不是制订计划，而是严格按照计划去落实。古往今来，那些有所成就的人，都有持之以恒的品质。"施大作家说。

"就像著名画家齐白石。"万卷书想起了阅读过的人物传记，

寻找考试王国（学习提高篇）

009

"齐白石在数十年的艺术生涯中，始终没有停止过作画。他的画室里，挂着他用以自勉的条幅：不教一日闲过。他给自己规定每天至少要作画一幅。过九十岁生日的时候，因为人忙事多，他没有时间作画，第二天就赶紧多画一幅补上。正是因为坚持不懈，他的技艺才能达到炉火纯青的境界。"

"讲得好！"施大作家竖起大拇指，"有时候我们还要把大目标分解成一个个小目标，这样实现起来就容易多了。就像如此之高的奥林匹克塔，也是一层层建起来的。正所谓'万丈高楼平地起'。"

"日本著名马拉松运动员山田本一的故事，就能很好地说明这一点。"万里路若有所悟，"他每次比赛之前，都要乘车把比赛的线路仔细看一遍，并把沿途比较醒目的标志画下来。比如第一个标志是银行，第二个标志是一棵大树，第三个标志是一座红房子，这样一直画到赛程的终点。比赛开始，他就向第一个目标冲去；到达第一个目标后，他又快速向第二个目标冲去……四十多公里的赛程，就被他分解成这么几个小目标，轻松地跑完了。"

"具体到语文学习上，你们可以怎么做，现在懂了吗？"

"如果考试当中出现的错别字比较多，那就要每天坚持听写，一旦出现错字马上订正，这样就能很好地消灭错别字了。"万卷书是过来人，颇有经验。

"如果目标是写一手好字，那么不妨每天固定拿出二十分钟对照字帖练习，一年三百六十五天雷打不动，我想我的字肯定会越来越好看！"万里路说。

"要提高写作能力，也不是一朝一夕就可以实现的。我的个人经验是，每天坚持写日记，写生活见闻，写个人经历，写读书感受。长期坚持，不仅能积累素材，还能锻炼文笔，写考场作文自然不在话下咯！"万卷书作了分享。

"我觉得要想提高阅读能力，首先就是要多看书。如果每天能有一段固定的时间看书，然后再配合着做些读书笔记，我现在的阅读积累量肯定能和妹妹一样多。可惜啊，知道得太晚了！"万里路摊开双手，哀叹了一句。

"你现在才十多岁，怎么说太晚了呢？"施大作家反问，"子曰：'吾十有五而志于学，三十而立，四十而不惑，五十而知天命，六十而耳顺，七十而从心所欲，不逾矩。'这句话的意思是，孔子说自己十五岁开始立志学习，七十岁才做到收放自如，不越出规矩。人的一生，是一个随着年龄的增长，学问和思想境界逐步提高的过程。只要不断学习，你们都会学有所成！"

"嗯！"兄妹二人坚定地点点头。

3. 预约精彩

——如何预习最有效

"咦，这么奇怪？不是快要足球比赛了吗，怎么大家全都围在这里看视频？"万卷书被球场边一群足球队员搞糊涂了。

"踢好足球，不仅仅是脚法好，脑子也要转得快。这是教练和队员们正在进行视频分析呢！"

"为什么要分析视频？"万卷书一脸不解地望着施大作家。

"细致分析对方球员在场上的表现，可以很好地制定我方的战术，为比赛取得胜利奠定基础。"施大作家解答道。

"噢，原来如此！"万卷书算是开了眼界。

"磨刀不误砍柴工。学习和踢球一样，要取得最佳效果，就要提前做好各种准备。特别是对于即将学习的新课文，要认真预习。"施大作家说。

"预习还不简单吗？"万里路狡黠一笑，"浏览一遍不就可以了吗？"

"你这是蒙混过关。"施大作家板起脸来，"有些同学认为，反正老师上课时会细讲课文，到时候认真听就是了，不必提前多费脑筋。也有些同学认为，老师讲的我都听不大懂，自己预习就更加看不懂了，简直是白费力气。这些想法都不可取。"

"那预习到底有什么好处呢？"万里路知道自己错了，吐了吐舌头。

"预习的好处至少有两点。"施大作家伸出了两个指头，"第一，预习可以减轻新课学习的难度。课前扫除了一部分阅读障碍，听课时精力就能很快集中到新知识上面去。"

"那第二点呢？"万里路追问。

"第二，预习可以提高自学能力。古往今来，很多有成就的人，都是靠持之以恒的自学成才的。养成预习的习惯，提高预习的能力，会让我们受益终身。"

"预习这么重要，具体要怎么做呢？"万卷书十分好奇。

"不同年级，不同学科，预习的要求都是不一样的。"施大作家指点迷津，"就拿预习语文课文来说，低年级同学可以先画出生字和生词，借助拼音读一读；然后标出自然段序号，朗读课文两三遍；最后标出不理解的词语或句子，和父母交流。"

"感觉并不是很难，那中年级呢？"万卷书问。

"中年级同学在低年级预习要求的基础上，还要联系上下文、结合生活实际或查字典弄清不理解的词语，边读边想每一个自然段讲了什么，并且要想一想段落中的话是怎么组合在一起的。同时应关注课后练习，尝试回答。"

"那高年级呢？"说到自己的学段，万里路很是关心。

"除了低中年级的要求，高年级同学还要借助课后思考题或阅读提示，想一想课文写了什么，并根据课文内容查阅、筛选资料，结合资料再读，再理解课文。"

"老师还要求我们预习时要批注，该怎么做呢？"万里路一脸茫然。

"统编版语文教材四年级上册就介绍了相关的方法，即遇到写得好的地方、有疑问的地方、有启发的地方，都可以写上批注。"

"我觉得读完文章，做完批注，再重新读一下文章和批注，可以加深对文章的理解，会有新的收获。同学之间也可以互相交流批注，了解别人对文章的看法，从而丰富自己对文章的理解。"万卷书说得头头是道。

　　"'纸上得来终觉浅，绝知此事要躬行。'你们还是自己动手做一做，体会才会更深。"施大作家提议道，"这样吧，你们就用批注法预习《猴王出世》一课，待会儿我们再来交流。"

　　"好——"兄妹俩应声而去。

　　大约用了一节课的时间，兄妹俩完成了预习，正等着施大作家来检查呢。

　　"谁来说说，这篇课文主要讲了什么？"

　　"本文主要写了花果山上有一块仙石孕育了一只石猴，这只石猴敢于第一个跳进水帘洞，因而被群猴拜为猴王的故事，表现了石猴英勇无畏、机智敏捷、敢作敢为的特点。"万里路对答如流。

　　"能用几个词概括一下故事情节吗？"施大作家问。

　　"出世—探洞—称王。"万卷书早有准备。

　　"花果山的猴子成百上千，唯独这只石猴成了猴王，一定有其独特之处。能结合你们的批注说说，这只石猴的独特之处是什么吗？"施大作家追问。

　　"我从第一自然段读出了石猴出身不凡。"万里路眼光独到，"你想，平常的猴子都是从母猴肚子里生出来的，而这只猴子是从灵通仙石里蹦出来的，说明他注定要成就一番大事业嘛！"

"'那猴在山中，却会行走跳跃，食草木，饮涧泉，采山花，觅树果；与狼虫为伴，虎豹为群，獐鹿为友，猕猿为亲；夜宿石崖之下，朝游峰洞之中。'我从这一句读出了石猴生存本领高，交际能力强，这为他后来称王奠定了基础。"万卷书结合课文句子回答。

"我对这句话印象深刻：他瞑目蹲身，将身一纵，径跳入瀑布泉中。瞑、蹲、纵、跳，几个动作词，就把石猴不凡的本领体现得淋漓尽致！"万里路字斟句酌。

"刚才你们的批注都是从有启发的地方、写得好的地方入手。除此之外，预习的时候有疑惑之处吗？"施大作家问。

"我有一个疑惑，"万卷书说，"文中写'连呼了三声，忽见丛杂中跳出一个石猴'，石猴为什么'连呼了三声'才跳出来，而不是一呼就应？"

"这个问题问得棒极了，请你自己尝试着去解决，或者等到上课时请教老师噢！"施大作家向万卷书投去了期许的目光。

4. 此"六到"，最重要

——如何听课最有效

"弈秋很了不起，是历史上第一个有记载的专业围棋棋手，被推崇为围棋鼻祖。他棋艺高超，是当时诸侯列国都知晓的围棋高手。"施大作家说。

"那一定有很多人慕名而来，拜他为师咯？"万里路问。

"那是当然。"施大作家点点头，"他曾经收了两个学生，不过到最后只有一个学有所成，另一个则未有收获。"

"这是为何，难道是他们的智商不同吗？"万里路问。

"并非如此，"施大作家摇摇头，"主要还是对待学习的态度不一样！一个学生诚心学艺，听弈秋讲课时从不敢怠慢，十分专心。另一个学生大概只图弈秋的名气，虽拜在门下，但并不下功夫。弈秋讲棋时，他心不在焉，探头探脑地朝窗外看，想着那些天鹅、大雁什么时候能飞来，飞来了，好张弓搭箭射两下试试。"

"人虽然坐在课堂，心思却不知道飞哪儿去了，这样肯定学

寻找考试王国（学习提高篇）

017

不好！"万卷书说。

"那是当然。"施大作家说，"一个人再聪明，学习不专心，肯定也一无所成。即使是弈秋这样的大师，偶尔分心也不行。话说有一日，弈秋正在下棋，一位吹笙的人从旁边路过。悠悠的笙乐飘飘忽忽的，在他耳边萦绕。弈秋一时走了神，侧着身子聆听。此时，正是棋下到决定胜负的时候，笙突然不响了，吹笙人探身向弈秋请教围棋之道，弈秋竟不知如何对答。不是弈秋不明白围棋奥秘，而是他的注意力此刻不在棋上啊！"

"三心二意不可取，专心致志方可成！"万卷书颇有感触。

"没错，同样是坐在课堂上，由同样的老师教授，为什么有的同学收获多多，有的同学一知半解呢？不是智商有差别，而是在于注意力是否集中，是否掌握了有效的听课方法。"施大作家说。

"您有什么好的建议吗？"万里路迫切希望能够得到"秘籍"。

"我用'六到'来概括吧。"施大作家伸出指头比画了一下，"所谓'六到'，即身到、耳到、眼到、口到、手到、心到。"

"我明白，'身到'就是要注意自己上课的坐姿。未必要坐得端端正正，但一定要适当地自我约束。有些同学爱趴在桌子上听课，松松垮垮的，容易昏昏入睡。反之，规范的坐姿则不容易使人疲劳，对于身体发育也是有好处的。"万里路是地地道道的过来人。

"讲得好！"施大作家表示赞同，"'耳到'即耳听。上课要注意听老师的讲课，听同学的提问，听大家的讨论，听不同的见解。总之，'一心只听师生语，两耳不闻窗外事'就对了！"

　　"'眼到'，应该就是要认真看教材，跟上老师的讲课进度。不要老师讲到第三段了，自己的目光还停留在第一段。当然，也要关注老师的语气、表情、手势，这样对于内容记忆是有好处的。科学研究表明，在沟通三要素中，语言大约占 20%，语气大约占 30%，而肢体语言大约占到了 50%。所以，讲课生动的老师特别受学生的欢迎。"万卷书也说了自己的体会。

　　"第四个'口到'，不是指上课要叽里呱啦讲个不停，而是该读则开口读，该背则开口背，该发言则开口发言，该提问则开口提问，该讨论则积极发言，不提倡'沉默是金'。"

　　施大作家笑了笑，接着往下说："至于这'手到'嘛，不是让你上课抓耳挠腮，一会儿做做小动作，一会儿翻翻大书包，而是要及时圈点批画，做好课堂笔记。"

　　"该怎么做课堂笔记呢？"

　　"这也是很多同学的困惑。"施大作家回答万里路的问题，"笔记的形式很多，最重要的是要抓重点快速地记录。面面俱到，则会来不及，也没必要。美国心理学家巴纳特曾经以大学生为对象做了一个实验，研究了做笔记与不做笔记对学习效果的影响。实验结果表明：在听课的同时，自己动手写摘要的组学习成绩最好；在听课的同时看摘要，但自己不动手写的组学

寻找考试王国（学习提高篇）

习成绩次之；单纯听讲而不做笔记的组，学习成绩最差。"

"哇，原来差别这么大哩！"万里路下决心要养成在课堂上做笔记的习惯。

"最后一个'心到'，即动脑筋，对课堂上发生的一切积极思考，全身心参与到课堂当中。'学习金字塔'将学习分为上半部分的'被动学习'与下半部分的'主动学习'两个部分。'被动学习'部分由上而下依次是听讲、阅读、视听、演示，'主动学习'部分由上而下依次是讨论、实践、教授给他人。这七种方式的'学习内容平均留存率'是不一样的，其中听讲的效率最差，教授给他人的效率最佳。"施大作家借用学习理论阐述了一番。

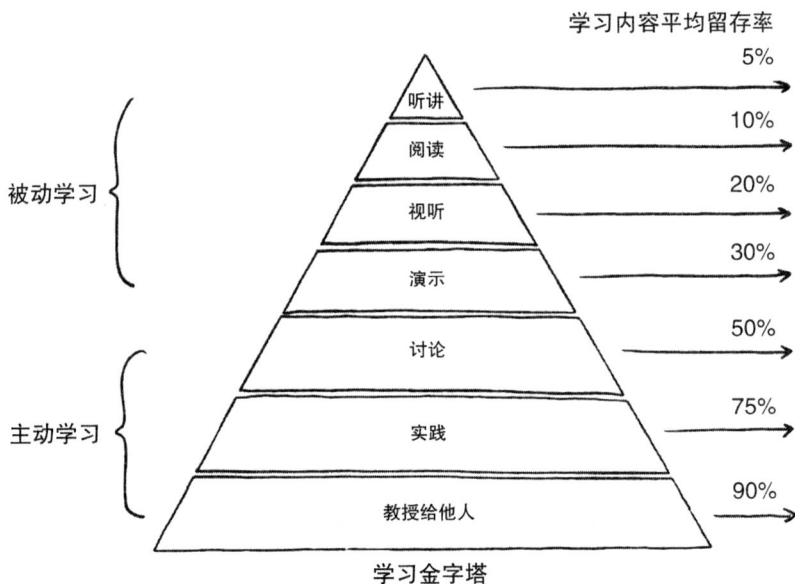

学习金字塔

"真希望每个老师都能用最高效的方式给我们上课啊！"万里路充满期待地说。

"希望是这样，但现实往往并非如此。"施大作家实事求是地说，"从小到大，每个人都会遇到很多老师。最好的办法不是让老师来适应我们，而是我们主动去适应老师。对于不同风格的老师，我们应及时调整自己的听课方式，以期收到最佳的听课效果。"

"面对滔滔不绝、口若悬河的'洪水派'老师，我们要注意什么呢？"万卷书想起自己的语文老师来。

"这种老师往往知识渊博，课堂信息量大，但是讲课的要点可能不突出。听课的时候，一定要懂得抓重点，做好课堂笔记啊！"

听了施大作家的回答，万里路脑海中闪过一个疑问："可是，我的老师恰恰是'笔记派'，我该怎么办呢？"

你能帮帮万里路吗？

5. 温故而知新

——如何复习最有效

一宵犹几许，两岁欲平分。

烟花朵朵，爆竹声声。除夕夜，河南少林塔沟武校的节目《少林魂》与全球观众在央视见面。两万名演员整齐划一、气势磅礴的少林功夫表演，动如潮水，静如磐石……

"哇，真是太震撼了！这是怎么做到的？"万里路被眼前这一幕惊呆了。

"为了将节目最完美的一面呈现给观众，演员们常常需要一天三练，不断复习每个动作，以达到整体协调的效果。"施大作家说。

"狠下功夫，熟能生巧啊！"万卷书不禁感叹。

"语文学习也是如此，"施大作家说，"不是老师教一遍或者自己读一遍就万事大吉了，定期复习也是非常重要的。"

"定期复习，就是每天复习吗？"万里路问。

"那倒未必，我们一定要懂得遗忘的规律，用科学的方法复

习。"施大作家提醒，"德国心理学家艾宾浩斯通过研究，总结出了一张著名的遗忘曲线图，告诉我们在学习识记完某一知识后，遗忘就开始发生了。遗忘的速度是先快后慢，一天之后遗忘速度趋缓。"

"所以我们在学习完某项内容后应及时复习，复习越及时，效果越好！"万卷书颇有启发。

"正是如此。"施大作家说，"对于重要的内容，一定要当天复习。之后可以在三天、一周、一个月左右的时间点再次复习。合理安排复习时间，往往会起到事半功倍的效果。"

"那复习的时候，有什么技巧吗？"

"当然有啦，勤干还要加上巧干嘛。"施大作家回答万里路的问题，"复习有四招，这第一招就是要学会梳理，对所学知识进行消化，并让它系统化。"

"消化就是要巩固理解，比如刚学的课文重点段，最好马上就背，这个好懂。那什么是系统化呢？"万里路问。

"系统化，就是对所学的知识进行归类。"施大作家尽量说得通俗易懂，"比如学了描写人物的好词，可以将其按照外貌、动作、神态等进行分类。再比如学了比喻，可以尝试把比喻的几个类型做个归类。"

"噢，我明白了，就像及时整理房间一样。玩具归玩具，书本归书本，这样需要用的时候，就很容易找到。"万里路恍然大悟。

"从科学的角度来说，这个叫记忆的'存储'和'提取'。存储得越有条理，提取就越容易。"施大作家从专业角度对这一招的含义进行了概括。

"这一招我会啦，再来一招！"万里路兴奋地说。

"第二招，消灭错题。"施大作家说，"有句话叫'人不能在同一个位置上跌倒两次'，事实上，'人常常在同一个位置上跌倒两次或更多次'。对于学习而言，准备一本错题集实在是太重要了。"

"我们班有个同学，三年级的时候错别字可多了。他在老师的建议下，专门准备了一本错字集，把自己听写、考试、作文中出现的错别字逐个订正后，再抄进本子里，定期让爸爸妈妈帮助听写，效果好极了！"万卷书举例说明。

"我就说嘛，听写一定要写自己不会的、容易出错的字，天天写自己会的，太没意思了。为什么我到现在还有那么多的错别字，就是因为天天重复写正确的！"万里路幡然醒悟。

"这第三招嘛，就是巩固练习。"施大作家说，"知道学校为什么要定期考试吗？"

"测一测同学们的水平呗！"一听到考试，万里路打了个激灵。

"日常考试，更多是为了检测和巩固所学的成果，所以才有'单元过关'和'半期过关'这样的做法。为了更好地迎接考试，你们当然要先进行巩固练习啦！有针对性地进行补差练习，同学之间互相提问，自己出考试题目，都是不错的选择。"

听了施大作家的建议，万里路混沌的思绪豁然开朗起来，赶忙接着问："好货沉底，最后一招是什么呢？"

"复习不是简单的重复，更是一种提升。温故知新，这就是我要和你们分享的最后一招。"施大作家言简意赅。

"子曰：'温故而知新，可以为师矣。'孔子都说，温习旧知识从而得知新的理解与体会，凭借这一点就可以成为老师了。"万卷书果然博闻强记。

"给你们举个例子吧。"施大作家说，"东晋时期葛洪所著的中医著作《肘后备急方》，我国著名药学家屠呦呦读过很多遍。有一次，她再次阅读这本书时，从'青蒿一握，以水二升渍，绞取汁，尽服之'的'渍'字，联想到不能对青蒿进行加热，最终用低温萃取出青蒿素，研制出一种全新的抗疟疾药，挽救了全球数百万人的生命。而她，也因此荣获诺贝尔生理学或医学奖。"

"我也要不断努力，对抗'健忘症'这个老毛病，长大了也获诺贝尔奖！"万里路信誓旦旦地说。

"有志不在年高，祝你成功！"施大作家送上了真挚的祝福。

6. 学而不思则罔

——如何提高思维力

东坡赤壁位于古城黄州的西北边，因为有像城壁一般突出、呈赭红色的岩石，所以被称为赤壁，素有"风景如画"之美誉。

"赤壁的景色真美啊！"万里路顿觉心旷神怡。

"这里不仅景色优美，还有丰厚的文化底蕴呢！大文豪苏东坡在此留下了《念奴娇·赤壁怀古》《前赤壁赋》《后赤壁赋》等经典名篇。"施大作家介绍。

"我会背《念奴娇·赤壁怀古》！"说罢，万卷书声情并茂地背诵起来。

"'遥想公瑾当年，小乔初嫁了，雄姿英发。'这里的'公瑾'指的是谁啊？"听罢背诵，万里路疑惑地问。

"指的是周瑜，因为他字公瑾，又称周公瑾。"施大作家说，"这首词是苏东坡谪居黄州时所写，当时作者四十多岁，因'乌台诗案'被贬黄州已两年余，心中有无尽的忧愁无从诉说。此处壮丽的风景使作者感触良多，不禁追忆起三国时期周瑜的无限风光，抒发了时光易逝的感慨。"

"从这首词中，我感觉到周瑜是一个风流潇洒的人。你看他长得英俊，头戴纶巾，风度翩翩。不仅玉树临风，还娶了当时有名的美女——小乔。"

"你啊，就关心人家长得帅不帅。"施大作家对万里路打趣道，"不过，周瑜确实是个沉稳的人。从词句中不难看出，赤壁之战是多么激烈的一场战争，周瑜却摇着羽扇，戴着儒生的青丝头巾，谈笑间，举重若轻，指挥若定，让曹操的战船被烧得灰飞烟灭，真有儒将风采啊！"

"我觉得周瑜是个有谋略的人。他能统帅军队打败曹操，并且以少胜多。如果没有谋略，怎么可能取胜！"万卷书也发表了看法。

"可是，这与课文《草船借箭》中周瑜的形象相差太多了吧！"

"噢，何出此言？"施大作家充满期待地看着万里路。

"在《草船借箭》当中，周瑜可是一个嫉妒贤能的人。课文一开头就说'周瑜看到诸葛亮挺有才干，心里很妒忌'，他还借机让诸葛亮在几天内造十万支箭，并让他立下军令状，这不是明摆着刁难诸葛亮吗？"万里路分析道。

"说得没错，"万卷书附和，"我还认为课文中的周瑜是一个阴险狡诈之人。他不仅刁难诸葛亮，而且暗中使坏，吩咐军匠们故意拖延，不给诸葛亮准备齐全造箭用的材料，想以此来定诸葛亮的罪。"

　　"的确，在《三国演义》中，周瑜还真是心胸狭窄之人。'三气周瑜''赔了夫人又折兵''既生瑜何生亮'等经典情节，都说明了周瑜胸怀不够宽广。那么问题来了，对同样一个人，怎么会出现两种截然不同的评价呢？"

　　面对施大作家的提问，万卷书率先发表了看法："《三国演义》是一部长篇小说，为了配合情节的发展，塑造的人物形象不一定是真实的。我还是比较认同苏东坡词中周瑜的形象。"

　　"其实，关于周瑜的形象，最早应该出自西晋史学家陈寿所著的《三国志》。"施大作家引经据典，"对于周瑜，书中是这样描写的——孙权与陆逊论周瑜、鲁肃及蒙曰：公瑾雄烈，胆略兼人。作者陈寿又评价周瑜'实奇才也'。你们从中看出周瑜又是怎样的人？"

"我从'公瑾雄烈'看出周瑜是一个勇武刚毅的人。"万里路说。

"我从'胆略兼人'看出周瑜是一个有胆识、有谋略的人。"万卷书回答。

"此言极是，不然他怎会被称为'奇才'呢！"施大作家也表示赞同，"其实，历史上的周瑜是一位文武双全、德才兼备的大英雄，是一位杰出的军事家、战略家，也是一位心胸宽广、忠义可嘉的男子汉。"

"噢，原来如此！"万里路恍然大悟。

"今天我们讨论周瑜的人物形象，就是想让你们知道，在学习的时候一定要懂得思考，不要人云亦云。正如孔子所说的：'学而不思则罔，思而不学则殆。'只学习，不思考，是学不到知识的；只思考，不学习，就会陷入空想的境地，最终一无所获。"

"培养思维能力的确太重要了。"万卷书十分赞同施大作家说的话，"可是'思维能力'这个词好像很笼统，有点儿让人摸不着头脑。"

"思维能力包括直觉思维、形象思维、逻辑思维、辩证思维和创造思维等，另外，还指思维品质的提升，包括思维的深刻性、敏捷性、灵活性、批判性和独创性。"施大作家说得可专业了。

"请您给我们讲几条提升思维能力的具体建议，好吗？"万里路听得云里雾里。

"比如，我们读古诗《咏柳》，不仅要读准背熟、理解意思，还要充分想象诗中的画面：高高的柳树长满了翠绿的新叶，轻柔的柳枝垂下来，就像万条轻轻飘动的绿色丝带……这样，我们的形象思维能力就会不断得到提升。"

"噢，明白了。"听罢施大作家的话，万里路若有所悟，"我们还可以通过辩论赛来培养思维的深刻性和灵活性。"

"我们还要大胆地去质疑，这样对于提升思维的批判性和独创性也是有好处的。"万卷书也收获颇多。

"对，阅读的本质是思考。"施大作家肯定道，"希望你们牢记哲学家伏尔泰的一句话：'书读得越多而不加思考，你就会觉得你知道得很多；而当你读书思考得越多的时候，你就会清楚地认识到，你知道得还很少。'"

7. 过目不忘

——如何训练记忆力

"我们离开安福镇，开启寻找之旅至今，都走过哪些地方，你们能说出来吗？"施大作家问。

"当然啦，对着地图念一遍，不就说齐了。"万里路不以为意。

"如果不准看地图呢？"

"这……这要说得一个不落，恐怕就有点难了。"面对施大作家的追问，万里路结结巴巴地应答。

"我能记住，听好了！"万卷书微微一笑，"四江山河，云贵川藏，吉蒙港台澳；三海湖广，京津陕甘，福重疆宁安。只要能背出这二十六个字，就能全部记住。"

"能解释一下吗？"万里路还没反应过来。

"上半句头四字为八个省，'四江'指江苏、江西、浙江、黑龙江，'山河'指山东、山西、河南、河北，后面九个字各代表一个省级行政区。下半句头四字为七个省级行政区，'三海'

指上海、青海、海南，'湖广'指湖南、湖北、广东、广西，后面九个字中的'宁'指辽宁、宁夏，其余八个字各代表一个省级行政区。"

"了不起，用同字合并归纳的方法，就能很快记住我国现有的二十三个省、五个自治区、四个直辖市、两个特别行政区，共三十四个省级行政区的名称。"施大作家称赞道。

"噢，我想起来了。"万里路一拍大腿，"书上有一首《朝代歌》，能帮助我们很好地记各个朝代的名称——唐尧虞舜夏商周，春秋战国乱悠悠。秦汉三国晋统一，南朝北朝是对头。隋唐五代又十国，宋元明清帝王休。"

"这就是化繁为简的歌诀记忆法，"施大作家做了点拨，"像我们熟悉的《二十四节气歌》，编得也很巧妙：'春雨惊春清谷天，夏满芒夏暑相连。秋处露秋寒霜降，冬雪雪冬小大寒。'"

"嗯，除了歌诀记忆法，还有什么记忆高招吗？"万里路十分好奇。

"好办法可多啦，"施大作家神秘一笑，"比如谐音记忆法。我读中学的时候，金属活动性顺序老是记不住，化学老师就给我们支了这一招。课本中金属活动性顺序为钾、钙、钠、镁、铝、锰、锌、铁、锡、铅、铜、汞、银、铂、金，可以记成：加个那美丽的新的锡铅统共一百斤。"

"真是太绝了！"万卷书笑个不停。

"用谐音记忆法来记无规律的数字，绝对是首选。知道圆周率吗？"施大作家把头转向万里路。

"知道啊，圆周率就是圆的周长与直径的比值。"

"我国古代数学家祖冲之，是第一个把圆周率精确推算到第七位的人。现在我们都知道圆周率是一个无限不循环小数，小数点后面有无穷多的数字。有人向背圆周率发起了挑战，无差错背诵圆周率到小数点后几万位，创造了吉尼斯世界纪录。"

"这么厉害！他到底用的是什么方法啊。"万里路惊得目瞪口呆。

"这个就不得而知了，不过谐音法是不错的选择。"施大作家说，"比如3.14159265358979323846264338327 这么一串数

$\pi \approx 3.1415$

字，有人将其编成顺口溜：'山巅一寺一壶酒，尔乐苦煞吾，把酒吃，酒杀尔，杀不死，牛儿斗死，扇扇刮，扇耳吃酒。'一边读一边配上饮酒、斗牛、扇耳光等动作，保准一会儿就记住了。"

"真是太神奇了！"万卷书也不住地赞叹。

"高效记忆没有绝对适合的方法，既要学别人的，也要自己去摸索创造。那些看起来毫无意义，让人啼笑皆非的方法往往让人记得更牢。"施大作家说。

"背课文是我们小学生常见的作业，有没有好办法呢？"万里路想从施大作家那儿挖出更多的"记忆宝藏"来。

"有个词叫'熟读成诵'，其实多读就是记忆的好办法。"施大作家回答，"当然，有些同学采取先一句一句背，再组合起来的方法，也能够降低背诵的难度。另外，别忘了一边读一边想象，将文字转换成画面，记起来就更快了。"

"为什么将文字转化成画面，记起来就会更快呢？"万里路打破砂锅问到底。

"你们一定都有这样的体会，遇到一个人，感觉很熟悉，但是却叫不出他的名字。这是为什么呢？主要是由大脑的特性决定的，相比于文字，人的大脑对于图像更加敏感。如果能充分借助想象到的画面，记忆时就能事半功倍！"施大作家解释道。

兄妹二人点点头，下决心好好训练，让自己的记忆力"更上一层楼"。

9. 超常发挥

——如何修炼考场力

考生在考场上笔走如飞，不少家长顶着阳光在校门口等候。

"学生考试，家长又帮不上什么忙，为什么要守在校门口呢？"万里路不明白。

"中考和高考是孩子人生中的大事，作为父母，想陪孩子一起体验这种人生大事，希望孩子能有个好成绩，考进自己理想的学校。这种心情完全可以理解啊！"施大作家感叹道。

"说得也是，再过几年，我和妹妹也都要参加中考和高考了，想想就有些小紧张噢！"这趟旅程，让调皮的万里路懂事了不少。

"对于考试，平常的积累当然是最重要的。除此之外，考试现场也有很多方面要注意！"施大作家说。

"一定要放松心态！"万卷书肯定地说。

"嗯，"施大作家点点头，"还有其他一些技巧噢！"

"您就别卖关子了，还有什么神技，快快请说。"

面对万里路求知若渴的眼神，施大作家叮嘱道："第一点，答题前要通览全卷。有的学生进入考场拿到试题后，不看全卷，直接就从第一页第一题开始作答。"

"按顺序答，不好吗？"万里路十分不解。

"建议大家还是先通览全卷，对试题的数量和题型等有个初步了解，便于合理安排答题顺序和考试时间。关于答题顺序，有的同学喜欢先易后难，有的同学反而喜欢先难后易；有的喜欢先做主观题，有的喜欢先做客观题。这些都可根据个人习惯而定。大考一般都会给通览全卷的时间，这时要做的就是这些。平常考试，我们也要养成通览全卷的习惯。"施大作家说。

"我的老师为了培养同学们通览全卷的习惯，有一次出了一张试卷，上面总共20道题。大家领到试卷，埋头苦做。等做到最后一题的时候，居然看到了一句话：本次测试只需要做第20题，其余题目不用做。噢，我的天……"万里路笑道。

"我……我班上一个同学更……更是倒霉。"万卷书边说边笑，"他领到试卷奋笔疾书，等做完一面了，才发现另一面因为印刷原因而模糊不清。他举手反馈情况，老师轻描淡写地说了句：'噢，我给你一张清晰的，你重新再做吧。'"

"要提升'考场力'，第二点就是审题要认真。比如题目要求'选择正确的读音'，经常有同学看成是'选择不正确的读音'。再比如填写近义词，有些同学答题时不由自主地写成了反义词。"

"我就经常这样。"万里路不好意思地挠挠头,"有什么办法可以改正这个毛病吗?"

"除了细心,别无他法。不过,建议你在日常答题时,特意将题目中的'正确''不正确''相反''相同'等重点词标注出来,以提醒自己慎重作答。加强训练,慢慢养成习惯,才能提高审题能力噢!"施大作家介绍了个补救措施。

"现在的质量检测试卷,选择题越来越多了。做选择题有什么技巧吗?"万卷书问。

"这正是我要讲的第三点。"施大作家接过话题,"出卷者为了减轻同学们书写的负担,也为了便于评卷,把很多题目都改成了选择题。回答难度比较大的选择题,可以用'遮掩法'。"

"啥,'障眼法'?那不是偷看嘛!"万卷书目瞪口呆。

"非也,"施大作家纠正道,"是'遮掩法'不是'障眼法'。所谓'遮掩法',就是先用手掌遮住选项,一边读题目一边在心里预想最佳答案,然后选择最相近的选项即可。因为很多选择题本来就是填空题转化而来的,只是多了两三个干扰项。不要管这些干扰项,按照填空题的思维方式做,正确率会很高。"

"这是根据出题思路逆向解答啊,实在是高!"万卷书不禁竖起了大拇指,"可是万一读完题目,心里没有什么确定的答案,干扰项又很多,怎么办呢?"

"嘿嘿,抓阄呗。"万里路横插了一句,"我们班有个同学遇

到难的选择题，一般就备好 A、B、C、D 四个签，抓到哪个就选哪个。"

"哈哈，那是靠天考试啊，回家肯定要被打屁股了。"施大作家也被逗乐了，"这种时候可以使用'排除法'，把不可能的选项逐一排除，留下最保险的。医生诊病也常用这种方法，开出几样检查单，对有所怀疑的病症进行排除，最后确诊，对症下药。"

"太好了！下回考试我一定要试试这个方法。"万里路像发

寻找考试王国（学习提高篇）

现了新大陆似的。

"很多人畏惧考试，谈考色变，就是因为在心理和技巧上都没有做好充分准备。关于这一点，'幻想式应考法'也许会有所帮助。"

"'幻想式应考法'？考场上还敢幻想，难道不怕屁股开花啊？"万里路一双眼睛直瞪着施大作家。

"先来看一个案例吧！众所周知，乒乓球是我国的国球，是我们的传统优势项目。但是，在1986年的第十届亚运会上，韩国男女乒乓球队却战胜了中国队，在国际体坛上引起了轰动。《世界体坛周刊》披露的信息说，韩国教练发现了一种'幻想式'训练法，让运动员睡前在床上幻想跟对手比赛，幻想出整个战况。这样，真的比赛时，运动员心理和技术上也都有了充分的准备，一般都能发挥正常水平。"

"这个方法也能用到考场上吗？"万里路问。

"当然啦，这个方法不仅能用在考场上，还能用到主持、演讲、讲故事以及现场策划等一系列活动当中呢！有机会不妨试试看噢。"施大作家补充道。

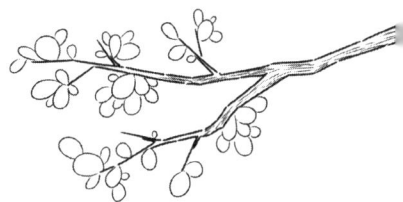

阅读篇

9. 阅读那些事儿

——如何解决阅读困惑

图书馆的报告大厅挤满了听讲座的小学生。

得知施大作家来自己城市的图书馆传经送宝，大家都不想错过这个机会。活动还没开始，许多人的话匣子就打开了。

"请大家保持安静。"主持人提示，"今天，我们特别荣幸地邀请到了著名作家、语文教育专家施先生来和大家分享阅读方面的知识。现在，让我们以热烈的掌声有请施先生开讲！"

在听众们热情的掌声中，身着黑色西装的施大作家健步走上讲台，给大家鞠了一个躬，面带笑容地说："我希望把今天的阅读分享会，变成问答的形式，这样对大家也许更有帮助。在阅读方面有什么困惑，你们尽管问吧。本人一定知无不言，言无不尽！"

"施老师您好！我想问一下，我们小学生课外阅读哪些书比较好呢？"一个穿蓝色上衣的男生率先提问。

"这个问题有很多人问过我，"施大作家回答，"我的建议是

分几个层次来处理。第一个层次，一定要保质保量地完成统编
版小学语文教材'快乐读书吧'的课外阅读书目；第二个层次，
在这个基础上，结合自己的兴趣爱好，多角度进行拓展阅读；
第三个层次，高年级的同学如果学有余力，完全可以适度超
前阅读，比如提前阅读初中将要涉及的一些文学名著等，为
后续学习做准备。"

　　"很多同学都用同一种方法阅读，可以吗？"一个扎马尾辫
的小姑娘起身问道。

　　"这种现象很普遍，拿起书从头看到尾，看完就表示读完
了，这是不对的。所谓'看菜吃饭'，阅读的方法也要随着文本

的不同而有所改变。该精读的精读，该浏览的浏览，该背诵的背诵，该写读书笔记的要写读书笔记。正如我们不能对一篇课文进行'蜻蜓点水'式的浏览，也没必要对一则普普通通的新闻报道进行批注，一切都根据需要而定。"

面对施大作家的回答，扎马尾辫的小姑娘追问："不同的阅读方法，效果有什么区别呢？"

"不同的方法，效果的区别还是很大的。"施大作家和蔼地说，"默读便于思考，浏览便于查找，朗读便于记忆，诵读则能更好地让人体会作品的内涵。尤其是精彩的课文语段或经典诗词古文，一定要多多诵读。正如清代学者曾国藩所言：'非高声朗读则不能展其雄伟之概，非密咏恬吟则不能探其深远之韵。'"

"我很认真地根据老师的要求进行了读背，也看了一些课外书，为什么一到考试，阅读题还会被扣去很多分呢？"戴红领巾的高个子男孩一脸困惑。

"随着高考的改革，现在小学、初中、高中各阶段的语文试卷的确越来越难了。特别是阅读题，要求很高。在这样的背景下，有针对性地提高阅读能力就显得非常必要。"施大作家说。

"阅读能力都包括哪些，应该如何提高呢？"高个子男孩求知若渴。

"根据《义务教育语文课程标准》中所说的，阅读能力主要包括感受力、理解力、欣赏力和评价力。国际知名的两种测试研究，即'国际阅读素养进展研究项目'和'国际学生能力评估计划'提出了提取信息、直接推论、解释文本、反思与评价等测试要求。虽然说法不同，但能力要求基本是相同的。现阶段的阅读题目，都是围绕这些能力来出的。阅读题考不好，说明我们某一种或者某几种阅读能力还有待提高。至于怎么提高，说来话长，建议你细心阅读《寻找考试王国（学习提高篇）》的阅读篇，一定会有所收获的。"

"古人云：'劳于读书，逸于作文。'意思是说，多花时间读书，写起作文就容易多了。我读了不少课外书，却感觉对写作文的帮助不明显，这是为什么呢？"一个穿粉色连衣裙的小女孩问。

施大作家微笑着示意她坐下，继而娓娓道来："我们通常都认为，阅读与作文是输入与输出的关系。但这种输入和输出并不是一定的，并不是书读得多，作文就一定写得好。主要原因有以下几点。

"第一，读得多，但读得浅。虽然读了很多书，但读的是没营养的书。我们阅读这样的书，并不会有太多实际的收获。所以我们一定要读好书。

"第二，读得多，但想得少。很多学生读书，只留意故事情节多么生动曲折，很少停下来研究作者是怎么写的，为什么这么写。这样的阅读，多则多矣，但从学习写作的角度审视，效率就比较低下。

"第三，读得多，但丢得快。读了很多书，但是从来没有主动积累的意识。随着时间的流逝，只记住了一个大概的轮廓。书中最精华的语言，一句都没有留下来。岁月流逝，最终连轮廓都还给作者了。

　　"第四，读得多，但写得少。写作不是牧羊——只要有草，羊吃着吃着就会长大。而写作，不是读着读着，自然就学会的。'操千曲而后晓声'，写作是需要不断练习的。好多人，书一本又一本地读，但就是不愿意写文章。写的能力没有被充分发掘出来，写不好也就正常了。"

　　"谢谢施先生今天给我们带来这么多宝贵的阅读建议。时间也不早了，最后，我们有请施先生给大家送上一句话，作为今天活动的结束语吧！"主持人拿起话筒说道。

　　"在一个理想的世界里，应该只有两种人存在，一种是喜欢阅读的人，另一种是即将喜欢上阅读的人。谢谢大家！"

　　掌声经久不息，施大作家在大家感激的目光中离开了会场。

10. 不做学习"观光者"
——如何养成良好的答题习惯

"为什么很多同学上课认真，可是一到考试，却总是考不好呢？"有一个问题困扰了万卷书很久。

"那就要看他是'真认真'还是'假认真'咯！"施大作家笑了笑。

"认真又不是货物，还分真假啊？"万卷书瞪大了眼睛。

"当然啦，"施大作家一本正经地回答，"在课堂上，有一些同学看似认真，实际上是在'假装学习'。他们听课的时候表现得非常遵守纪律，比如坐姿端正，目光紧跟教师，不干扰课堂秩序。但真正到了考试阶段，问题就会暴露出来。"

"这是什么原因呢？"万卷书百思不得其解。

"这其实是'浅表学习'的体现，是一种以完成外在任务为目标的学习行为，以机械记忆和反复操练为主，缺少深度思维加工，因此学习成果多以复制为主，难以迁移和深化。有一些同学，在小学阶段成绩还可以，但随着年级的不断提高，特别是到了初中二年级以后，开始出现学习困难和成绩下降的现象，成绩甚至出现'断崖式下跌'。这些都是不懂质疑、不善思考、不会主动学习，缺少'深度学习能力'的结果。心理学家卡尔·罗杰斯将这些学生称为'课堂上的观光者'。"

"这不就是'身在曹营心在汉'嘛！"万里路也凑了过来。

"也可以这么说。"施大作家点点头，"阅读方面同样如此，有一些同学只会'跳跃式阅读'，或者属于'机器人症候群'。"

"跳跃式阅读就是'跳读'，不也是一种很好的阅读方式吗？"万卷书嘟起了小嘴。

"问题是他只会跳读，不会精读啊！"施大作家说，"表面上他是在看阅读题，然而文字只是一眼带过，文字表达的内容没有被传达到大脑里，阅读效果当然很差啦！"

"机器人症候群，听起来很好玩的样子。"万里路嬉笑道。

"这是形容他读完后，总是感觉内容太难了。问他哪个部分最难，他又说不出来。像这种不能掌握书的内容，只是像充了电的机器人一样机械地阅读的学生还真不少。现在考试阅读题越来越难，这种情况更容易出现。"施大作家充满担忧地说。

"我也有过这样的体验，"万里路颇有同感，"阅读短文，完全是木讷而机械地一段一段往下看。短文是读完了，头脑里却像倒了一瓶糨糊。"

"可以通过什么样的训练方式，养成良好的阅读答题习惯呢？"万卷书问。

　　"第一招，务必调整好阅读的速度，在简单的地方可以按正常速度读，在需要思考的地方则要放慢速度，甚至重读。"施大作家支了一招。

　　"怎么判断要不要重读呢？"万里路问。

　　"在阅读的时候尽量养成一个习惯，那就是边读边想每段话的大意。如果一段话连大意都看不懂，那肯定要重读了。"

　　"我们班有一个同学很奇怪，他如果把短文朗读一遍，大部分题目都会做。如果让他默读短文，他就有很多地方不明白。这是为什么呢？"万里路满是疑惑。

"的确存在这种现象。这是因为朗读的时候，他需要出声，与此同时，文字的信息也随之进入大脑。而默读时，如果没养成思考的习惯，文字很难进入大脑，当然就会有很多内容不理解。"

施大作家喝了口茶，继续说："第二招，有目的地阅读。一般做阅读题，至少需要读两遍短文。第一遍，读懂整篇短文的大意；第二遍，根据文后题目要求再读，思考答案。如果说第一遍阅读没有很强的目的性的话，那第二遍阅读一定要有很明确的目的，即根据文后题目要求，努力寻找或思考答案。"

"嗯，这一点老师也提醒过我们。"万卷书拼命点头，"很多答案其实都可以在短文中找到，或者再读一次相关语句就会想出来了。"

"第三招，要掌握必要的答题技巧。"施大作家说，"答题技巧有很多，比如分点答题。"

"为什么要分点答题呢？"万里路搞不明白。

"在评卷中，很多题目都是按点给分的。"施大作家提醒道，"一般需要分点答题的题目，本身涵盖面比较广，不分点就不能正确全面地回答问题。有的同学由于缺少分点作答的意识，自以为是地把答案胡乱地'堆'在一起作答，造成答案不全面、不准确、不系统。也有的答案虽然切合题意，却由于内容重复、交叉或混杂而造成阅卷教师误判，丢失了该得的分。"

"嗯，分点答题的确太重要了。比如在概括人物特点的时候，往往不是一个关键词，而是有几个关键词，这就需要分点说明了。"万卷书颇有同感。

"另外一个技巧，要掌握一些题目的答题格式。"施大作家说，"比如问到修辞手法的作用，比喻、拟人的主要作用是让语言生动形象，一般答题格式为'生动形象地写出了＋对象＋特性'；排比的主要作用是增加气势、加强语气，一般答题格式为'强调了＋对象＋特性'；设问的主要作用是引起读者的注意和思考，一般答题格式为'引起读者对＋对象＋特性的注意和思考'。"

"说明方法类的题目有答题格式吗？"万里路在这方面丢了不少分。

"当然有啦，"施大作家微微一笑，"不过，这就需要你们自己寻求答案，主动摸索咯！"

11. 我达到学段要求了吗
——如何诊断阅读能力

"我们怎么判断自己的阅读能力处于哪个层次呢？"万里路十分好奇。

"这是一个很专业的问题，"施大作家回答，"评价的项目主要包括有无背景知识、阅读态度、阅读速度、回想能力、理解能力等。"

"背景知识主要指什么？"万卷书问。

"背景知识指的是一个人看到、听到、读到和体验到的一切。"施大作家解释，"比如写雪的文章里有这样一句话：'天寒地冻的天气里，孩子们的手都冻硬了，但是为了打雪仗，丝毫感觉不到寒冷。'如果是出生在热带，从来没有体验过严寒，没有看见过下雪的人，对这句话可能就没有办法理解得很深。"

"噢，我明白了。如果这个人通过书、报纸或者视频积累了许多关于冬天和雪的相关知识，或者直接看到过下雪的话，那么他在阅读这篇文章时，应该很快就可以理解其中的内容了。"

"正是如此，这也是我们提倡大量阅读与丰富体验的原因。"

"所以我们要读万卷书、行万里路。"万里路接过施大作家的话茬儿。

"为什么评价阅读能力，还要看阅读态度、阅读速度这些指标呢？"

"这很重要，"施大作家回答万卷书，"在阅读时姿势是否正确、视线是否平稳、速度是否合适，都决定着阅读能力的高低。"

"那么阅读能力是不是就等同于读书能力呢？"万卷书问。

"不是的。"施大作家说，"我比较赞同韩国金明美老师的观点。她认为，读书能力与阅读能力是两个不同的概念。读书能力是指大量阅读书籍并对其内容进行理解的能力，但是阅读能力往往超越了阅读和理解的层面，是指对文章所要传达的内容进行分析、应用和批判，同时把握文章整体含义的能力。"

"难怪有的同学看的书不少，但是阅读能力却未必提高得很快！"万卷书若有所悟。

"是的。"施大作家说，"有的学生虽然读完了一本书，但教师提问时，他却只能说出结尾部分的内容；有的学生埋头苦读之后，考试分数却不高。这些都与阅读能力有关。因为所有的学科都和'阅读'有关，所以从某个角度而言，阅读能力就是学习能力。"

"哇！阅读能力原来这么重要，我一定要提高自己的阅读能力！"万里路高声叫道。

"那该如何知道我们的阅读能力处在什么水平呢？"万卷书兴趣十足。

"不同学段有不同要求。"施大作家说，"低年级学生要能结合上下文和生活实际了解课文中词句的意思，并在阅读中积累词语；阅读浅近的童话、寓言、故事，能对感兴趣的人物和事件有自己的感受和想法，并乐于与人交流。"

"那中年级呢？"万卷书追问。

"中年级学生要能体会文中关键词句表达情意的作用；能初步把握文章的主要内容，体会文章表达的思想感情；能对课文中不理解的地方提出疑问；还要能复述叙事性作品的大意，感受作品中生动的形象和优美的语言，关心作品中人物的命运和喜怒哀乐。"

施大作家略作停顿后，接着说："至于高年级学生嘛，要求就更高了。他们要在阅读中了解文章的表达顺序，体会作者的思想感情，初步领悟文章的基本表达方法；阅读叙事性作品，能了解事件梗概，能简单描述自己印象最深的场景、人物、细节，说出自己的喜爱、憎恶、崇敬、向往、同情等感受；阅读诗歌，能大体把握诗意，想象诗歌描述的情境，体会作品的情感；阅读说明性文章，能抓住要点，了解文章的基本说明方法；阅读简单的非连续性文本，能从图文等组合材料中找出有价值的信息。"

"我感觉自己的阅读能力好像停留在了中年级。"万里路听罢，倒吸了一口凉气。

"不急着评价，先一起做道题，测试一下吧！"施大作家随手翻出短文《松鼠》。

在树木茂盛的地方最常见到的动物是松鼠。它们能够不发出一点声响，迅速地爬到树上，用小小的门牙磕松子的样子可爱至极，由此也可以知道它们是爬树的能手。

松鼠虽然主要生活在地上，但是，遇到危险或找食物的时候，它们也会爬到树上去。因为爪子上有非常锋利的趾甲，所以它们在树上也能够活动自如。另外，它们可以打开又大又厚的尾巴来保持平衡，从高的树枝跳到低的树枝上。

在韩国，除了几个岛屿以外，全国各地都生活着松鼠。它

们主要生活在茂密的针叶林中，阔叶林和多岩石的地方也有它们的踪影，特别是小溪附近的丛林里生活着很多的松鼠。因为倒下的树木互相遮掩，便于藏身，而且距离也很近。

松鼠总是在倒下的树木缝隙、石头下面或腐烂的树根下挖洞穴。它们将挖出来的土装在嘴里运到很远的地方，这是为了不暴露自己生活的场所。松鼠在挖洞穴的时候会挖出睡觉的、贮藏食物的等多个空间。

选自《小学阅读能力决定一生的成绩》，中国传媒大学出版社，作者［韩］金明美

施大作家看兄妹俩读完了，便开始发问："如果能准确回答出以下问题，就说明你初步具备了高年级的阅读能力。1. 主要生活在地上的松鼠，在何种情况下会爬到树上去？ 2. 小溪附近生活着许多松鼠的原因是什么？ 3. 松鼠会把挖洞穴挖出来的土运到很远的地方，原因是什么呢？ 4. 我们可以通过松鼠的何种外形特征知道它们是爬树能手？ 5. 松鼠的洞穴为什么会分为几个空间呢？"

你们猜，万里路和万卷书回答得怎样？你会回答这些问题吗？

12. 根据要求提取信息

——如何提升检索能力

"想要提高阅读能力，可以先从基础的检索能力训练开始。"施大作家提议。

"什么是检索？"万里路问。

"阅读中的检索，就是指根据需要寻找并提取信息，比如人物、事实、概念、定义等。"

"这个简单，"万里路拍着胸脯说，"先把文章读一遍，其次锁定相关段落，接着聚焦相关句子直接提取就可以了。"

"是的，低年级的阅读题大部分都是测试检索能力，看你是否懂得提取信息。比如这一篇。"施大作家翻开了一张小学二年级试卷，上面有一篇短文《小花猫》。

小花猫真可爱！它圆圆的脑袋上竖着两只尖尖的小耳朵。一双细长的眼睛眯成了一条线，大概它正在睡觉吧！再看那又黑又长的眼睫毛直直地搭在粉红色的小脸蛋上，更显出它的妩媚。微微上翘的小红鼻子此时好像发出"呼噜呼噜"的打鼾声。

俊俏的三瓣嘴稍稍向上张开，好像告诉人们，它正在做着甜美的梦哩！

选自《小学二年级语文阅读理解习题》

"这篇短文写出了小花猫什么时候的什么特点呢？"施大作家问。

"太简单了，"万里路得意地笑起来，"短文里不是写了嘛，睡觉的时候，可爱的特点。"

"短文细致地描写了小花猫的哪五个部位呀？"

"耳朵、眼睛、眼睫毛、红鼻子、三瓣嘴。"万卷书边读边画词语。

"哈哈，我就知道这两个问题肯定难不倒你们。"施大作家说，"直接提取相对容易一些，但有些信息需要间接提取。比如阅读《人类的"老师"》一文时要提取'这类事故'指的是什么，就要联系前面的内容——'30年以后，由于飞机速度的不断提高，经常发生机翼剧烈抖动而破碎的现象，造成机毁人亡的惨祸'，进而提取相关的信息'机毁人亡'。"

"提取一个信息相对容易，但有时候要提取多个信息，就要耐心地分两步走：第一步，画出相关的句子；第二步，按顺序依次提取所需的信息。"施大作家说，"比如《花钟》一文介绍了哪些花？直接锁定第一自然段，聚焦第三句长句提取出各个花名——牵牛花、蔷薇、睡莲、午时花、万寿菊、烟草花、月光花、夜来香、昙花。"

"都在一段相对好找，如果相关信息分散在不同段落里呢？"万里路问。

"那就要把每一段中的相关句子都画出来，然后按顺序依次提取信息。"施大作家和蔼地说，"比如问《牧场之国》描写了哪些牲畜？画出第二自然段的第一句，第三自然段的第一句，第四自然段的第一、二、三句，然后依次提取出花牛、骏马、绵羊、猪群、小鸡、长毛山羊这些信息即可。"

"确实如此，这样就能保证不会遗漏。"万卷书点头称是，"如果要间接地提取多条信息呢？"

"这个就有点难度了，不仅考验我们的检索能力，还需要一定的理解概括能力。这样吧，我们来读一读《小英雄雨来》这篇文章的节选。"说罢，施大作家翻开了书。

鬼子把前后院都翻遍了。

屋子里也遭了劫难，连枕头都给刺刀挑破了。炕沿上坐着个鬼子军官，两眼红红的，用中国话问雨来，说："小孩，问你话，不许撒谎！"他突然望着雨来的胸脯，张着嘴，眼睛睁得圆圆的。

雨来低头一看，原来刚才一阵子挣扎，识字课本从怀里露出来了。鬼子一把抓在手里，翻着看了看，问他："谁给你的？"雨来说："捡来的！"

鬼子露出满口金牙，做了个鬼脸，温和地对雨来说："不要害怕！小孩，皇军是爱护的！"说着，就叫人给他松绑。

　　雨来把手放下来，觉得胳膊发麻发痛，扁鼻子军官用手摸着雨来的脑袋，说："这本书谁给你的，没有关系，我不问了。别的话要统统告诉我！刚才有个人跑进来，看见没有？"雨来用手背抹了一下鼻子，嘟嘟囔囔地说："我在屋里，什么也没看见。"

　　扁鼻子军官把书扔在地上，伸手往皮包里掏。雨来心里想："掏什么呢？找刀子？鬼子生了气要挖小孩眼睛的！"只见他掏出来的却是一把雪白的糖块。

　　扁鼻子军官把糖往雨来手里一塞，说："吃！你吃！你得说出来，他在什么地方？"他又伸出那个戴金戒指的手指，说："这个，金的，也给你！"

雨来没有接他的糖，也没有回答他。

旁边一个鬼子嗖地抽出刀来，瞪着眼睛要向雨来头上劈。扁鼻子军官摇摇头。两个人叽叽咕咕说了一阵。那鬼子向雨来横着脖子翻白眼，使劲把刀放回鞘里。

扁鼻子军官压住肚里的火气，用手轻轻地拍着雨来的肩膀，说："我最喜欢小孩。那个人，你看见没有？说呀！"

雨来摇摇头，说："我在屋里，什么也没看见。"

扁鼻子军官的眼光立刻变得凶恶可怕，他向前弓着身子，伸出两只大手。啊！那双手就像鹰的爪子，扭着雨来的两只耳朵，向两边拉。雨来疼得直咧嘴。鬼子又抽出一只手来，在雨来的脸上打了两巴掌，又把他脸上的肉揪起一块，咬着牙拧。雨来的脸立时变成白一块，青一块，紫一块。鬼子又向他胸脯上打了一拳。雨来打个趔趄，后退几步，后脑勺正碰在柜板上，但立刻又被抓过来，肚子撞在炕沿上……

选自人教版小学语文四年级下册《小英雄雨来》，人民教育出版社，作者管桦

"在这一章中，鬼子的态度发生了哪些变化？"

"凶恶——温和——诱骗——凶残！"万卷书答道。

"是的，不要以为段落很长就很难懂。只要依次画出有关鬼子的句子，就能找到相应的结论。"施大作家说。

13. "读懂"有高招

——如何提升理解能力

"深蓝的天空中挂着一轮金黄的圆月,下面是海边的沙地,都种着一望无际的碧绿的西瓜。其间有一个十一二岁的少年,项带银圈,手捏一柄钢叉,向一匹猹尽力地刺去。那猹却将身一扭,反从他的胯下逃走了……"

兄妹俩阅读了鲁迅先生的《少年闰土》一文后,与施大作家互动交流。

"说一个人阅读能力差,我们经常会说他'理解能力怎么这么差'。可见理解能力的重要性。"施大作家抛出话题。

"什么是理解能力?理解能力又可以细分为哪些方面呢?"

"所谓理解,简单说就是从文字或语言中建构意义。"施大作家回答万卷书的问题,"比如用自己的话语解释词语、句子的意思,举例说明,比较说明,概括要点,推断关键词句隐含的情绪、情感、内涵等。"

"词句解释应该比较简单,"万里路说,"可以使用工具书、查资料或者请教别人。"

"要是在考场怎么办？"

"嗯……嗯……这个嘛——"万里路被施大作家一问，答不上来了。

"这个时候，最好能联系上下文或者自己的生活经历来理解。"施大作家给出了建议，"比如阅读《少年闰土》一文，如果问'那一年，我家是一件大祭祀的值年'中的'值年'是什么意思，就可以联系下文'这祭祀，说是三十多年才能轮到一回'这句话来理解。"

"还可以结合我们的'值日'来理解，"万卷书补充道，"其实就是固定时间应该承担的某项工作。"

"很好。"施大作家肯定道，"理解能力还包括举例。比如问从哪里看出我家对这'大祭祀的值年'很'郑重'，就需要我们组合一些信息进行解释。"

"这个还比较好理解，"万里路说，"难的是有时要我们做一些推论。"

"是的，推论往往需要深入思考。比如问：'有一日，母亲告诉我，闰土来了，我便飞跑地去看'中，从'飞跑'能读出'我'什么样的情绪？"

喝了一口茶之后，施大作家接着说："此外，还有说明。比如问：'闰土须回家里去。我急得大哭，他也躲到厨房里，哭着不肯出门'中，'我'为什么'大哭'？闰土为什么'哭'？"

"这种题目很像解释。"万卷书又问，"那么理解能力当中，最难的是什么？"

"最难的，应该要属于读出言外之意了。"施大作家说，"例如问：'他们都和我一样，只看见院子里高墙上的四角的天空'是什么意思？这就要读出言外之意了。"

"噢，我明白了。您出几道题目考考我如何？"万里路希望能参与实战。

"叶圣陶先生曾写过一篇名叫《关于演讲》的文章，从演讲的材料、声调、姿势三部分展开。你们先看看第一部分'演讲的材料'。"施大作家边说边打开《开明国语课本（第八册）》。

诸位先生，诸位同学：

今天演讲会，轮到我和蔡子和、夏佩芬讲。我们三个商量题目，结果选定了一个总题目"关于演讲"。在演讲会里讲这个题目，可说是"本地风光"。我讲的是"演讲的材料"，蔡子和讲"演讲的声调"，夏佩芬讲"演讲的姿势"。好比作文，我们每人作一段，合起来就是一篇。这个办法，诸位以为新鲜有趣吗？

演讲的材料该是什么呢？我们眼睛看见的，耳朵听见的，心里想到的，从书本上或者别人那里学到的，都可作为材料，讲给大家听。不过还要进一层想。我们看见两个苹果，听见一阵风，想到要去看某一位朋友，学到三加四等于七，这些本来就能拿来讲吗？谁都要说，这些让自己知道好了，何必告诉别人；即使要告诉别人，随便向一两个人说一声就是，又何必到演讲会里来讲给大家听。这话是不错的。要到演讲会里来，至少另外还有点意思。就将看见两个苹果这件事来说，如果我们觉得那两个苹果颜色怎样的可爱，香味怎样的甜美，比起鲜菱、嫩藕来，似乎更可珍贵：这就是我们的意思。把这个意思讲出来，大家听了，就知道苹果是怎样一件东西；又可自己去想，苹果是不是比鲜菱、嫩藕更可珍贵。听讲的人的兴味就在这个

地方。假使没有这一点意思，譬如我此刻，走到这里来，单说一句"我今天看见两个苹果"，就此完了，诸位不将连连摇头，说毫没道理吗？（听众笑）所以，凡是看见的，听见的，想到的，学到的，都可作演讲的材料，但必须另外有一点意思作主脑。没有什么意思作主脑，那只是随便说话，算不得演讲。（方兴讲）

"上文中的'本地风光'可以理解为什么呢？"施大作家问。

"肯定不能理解为'眼前的景象'或者'当地的特色'，这个词的言外之意是说'贴合活动主题'。"万里路揣摩了一番。

"不错，懂得联系上下文语境进行理解。"施大作家赞赏道，"再看这一句：'所以，凡是看见的，听见的，想到的，学到的，都可作演讲的材料，但必须另外有一点意思作主脑。'结合全段文字，可以推测出这句话里的'主脑'指的是什么呀？"

"应该是指阐明事理、发表见解或抒发情感。"万卷书准确回答。

"没错，理解了还要懂得运用，"施大作家叮嘱，"希望你们也能掌握演讲这项重要的技能，让生活变得多姿多彩！"

14. 传授"秘诀"

——如何提升概括能力

迪士尼乐园是兄妹俩一直想去却没有去成的地方。这天，他们按照施大作家的要求，读了一篇关于迪士尼乐园路径设计的文章《最佳路径》。

世界建筑大师格罗培斯设计的迪士尼乐园，经过3年的精心施工，马上就要对外开放了，然而各景点之间的道路该怎样设计还没有具体的方案。施工部打电报给正在法国参加庆典的格罗培斯大师，请他赶快定稿。

格罗培斯从事建筑研究40多年，攻克过无数个建筑方面的难题，然而建筑学中最微不足道的一点——路径设计却让他大伤脑筋。对迪士尼乐园各景点之间的道路安排，他已修改了50多次，没有一次是让他满意的。接到催促电报，他心里更加焦躁。巴黎的庆典一结束，他就让司机驾车带他去了地中海海滨。他想清理一下思绪，争取在回国前把方案定下来。

汽车在法国南部的乡间公路上奔驰，这儿是法国著名的葡萄产区，漫山遍野都是当地农民的葡萄园。一路上他看到许多园主把摘下来的葡萄提到路边，向过往的车辆和行人吆喝，但却很少有停下来的。

当他们的车子拐入一个小山谷时，发现那儿停着许多车辆。原来这儿是一个无人看管的葡萄园，你只要在路旁的箱子里投入 5 法郎就可以摘一篮葡萄上路。据说这是一位老太太的葡萄园，她因年迈无力料理而想出这个办法。起初她还担心这种办法是否能卖出葡萄，谁知在这绵延上百里的葡萄产区，总是她的葡萄最先卖完。她这种给人自由，任其选择的做法使大师深受启发，他下车摘了一篮葡萄，就让司机调转车头，立即返回了巴黎。

回到住地，他马上给施工部拍了封电报：撒下草种，提前开放。

施工部按要求在乐园撒下草种。没多久，小草长出来了，整个乐园的空地被绿草所覆盖。在迪士尼乐园提前开放的半年里，草地被踩出许多小道，这些踩出的小道有宽有窄，优雅自然。第二年，格罗培斯让人按这些踩出的痕迹铺设了人行道。

1971 年，迪士尼乐园的路径设计被评为世界最佳设计。

选自苏教版小学语文四年级下册《最佳路径》，江苏教育出版社，作者文燕

兄妹俩读完后，施大作家的话匣子也打开了："叶圣陶先生说过一句话'作者思有路，遵路识斯真'，意思是作者写文章是

有一条思路的，阅读时要加以探究，沿着这条思路去把握文章的主要内容。如果你的概括能力比较强，就能准确而快速地找到作者的写作思路。你们能试着概括一下这篇文章的主要内容吗？"

"法国老太太卖葡萄时给人自由，任其选择，她的葡萄总是最先卖完。"万里路脱口而出。

"格罗培斯设计迪士尼乐园的路径时遇到了难题，看到法国老太太卖葡萄受到启发。"万卷书紧接其后。

施大作家拼命摇头，对兄妹俩给出的答案都不满意。

"请您指出我们的问题吧！"万卷书虚心求教。

"好的概括有四个标准：正确、完整、简洁、通顺。你们可以对照一下。"施大作家说，"概括文章内容时，先要找出文中的主要人物。万里路的答案把老太太作为这篇文章的主人公，显然是错误的，主要人物应该是格罗培斯。"

"我的答案不足在哪儿呢？"万卷书追问。

"主要问题是概括不完整，还有一些内容没有概括出来。"施大作家回答，"概括文章内容前先要保证读懂每一段的意思，和主题有关的主要事件不可忽略。很显然，你把老太太卖葡萄时'给人自由，任其选择'这个重要内容说漏了。"

"噢，我懂了！"万卷书给出了自己的新答案，"格罗培斯在设计迪士尼乐园路径时遇到难题，受到老太太卖葡萄'给人自由，任其选择'方法的启发，提出设计策略，获评最佳路径。"

　　“满分！”施大作家称赞道。

　　“我也调整了一下答案。”万里路说，“格罗培斯设计迪士尼乐园的路径，修改了五十多次，还是不能把方案定下来。格罗培斯看到法国老太太卖葡萄‘给人自由，任其选择’的做法，深受启发。于是他提出了撒下草种，提前开放的策略。随后格罗培斯根据游人踩出的足迹铺设了人行道，这条路径设计被评为世界最佳设计。”

"六十分！"施大作家严肃地说。

"啊！为什么？"万里路不满地说，"我的概括不是更加完整吗？"

"太啰唆，不够简洁。"施大作家笑了笑，"概括的一个重要标准就是'简洁'。考试当中，不少概括题都有字数要求呢，比如'不超过 30 个字''不超过 50 个字'。"

"哇，真是长见识了！"万里路心服口服。

"教你们一个秘诀。"施大作家神秘地说，"概括短文内容时，先找主要人物，再找出发生在他身上的所有事件，梳理出和题目有关的主要事件，将其概括成小标题，用通顺简洁的话写下来就可以了。这个秘诀就叫'事件串联法'。"

"这个秘诀的确厉害，"万里路拼命点着头，"还有其他秘诀吗？"

"当然啦。"施大作家说，"第二个秘诀：扩题法。我们透过题目这双'眼睛'就能够'窥视'文章的主要内容。比如《三顾茅庐》，我们一看这题目就知道主要事件是什么，稍微拓展一些，补充主要人物即可；再比如《祁黄羊》，一看这个题目就知道主要人物是谁，补充主要事件即可。"

"这下子感觉概括好简单啊！"万里路兴奋得手舞足蹈。

15. 请赐我一双明亮的眼睛

——如何提升评鉴能力

"孩子们,相处这么久了,我很想知道自己在你们眼中到底是怎样的一个人。"施大作家挑起了话题。

"我觉得您不仅有知识,还有见识!"万卷书竖起了大拇指。

"您幽默开朗,态度和蔼,性格特别好!"万里路也谈了自己对施大作家的印象。

"哈哈哈。"施大作家发出一阵爽朗的笑声,"今天问你们这个问题,可不是我想得到你们的表扬,而是希望你们明白,评价一个人也是一种能力噢!"

"噢?什么能力?"万卷书的一双眼睛水灵水灵的。

"在阅读中,这属于'评价与欣赏能力'的范畴,也叫'评鉴能力'。"施大作家答疑解惑,"评鉴能力一般分为品评思想内容和品味语言形式两个方面。"

"我知道,品评思想内容包括评说人物特点、文章观点等。

以前考试的阅读题中，出现过很多类似的题目，比如问我们'小兔子和小山羊，你更喜欢谁？为什么？'"万卷书说。

"嗯，这就是评说人物特点。完成这种题目，一定要抓住所写事件进行分析。"施大作家叮嘱，"比如《去年的树》，主要讲述了树和小鸟是好朋友，冬天要到了，小鸟与树相约，等来年春天再回来为树唱歌。春天到了，小鸟飞回来了，可是树却不见了。小鸟找啊找啊，最后找到变成一束火苗的树，于是，小鸟深情地唱起了去年的歌。从事件中小鸟的所说、所做可以看出，小鸟信守承诺，看重与朋友的深厚情谊。"

"那品味语言形式该怎么理解呢？"万里路问。

"品味语言形式，就是从文章'写得怎么样'的角度进行赏析。精妙的字词、独特的句式、贴切的修辞手法、准确的说明方法、独具匠心的篇章结构等，都可以成为赏析的对象。"

"比如上次我们做过一道题，问：'作者介绍彭勃思书铺的楼层分布时，为什么先介绍下层、三楼、四楼、五楼，最后才介绍二楼？'这就是品味语言形式的题目了。"万卷书说。

"老师也经常提醒我们，阅读时要辨别词语的感情色彩，体会其表达效果，还要品析课文中关键词句表达情意的作用。"万里路若有所悟。

看兄妹俩已经有所了解，施大作家决定再举些例子，现场互动一下。他略作思考后说："比如叶圣陶先生写的《荷花》这篇文章，其中就有一句'荷叶挨挨挤挤的，像一个个碧绿的大

073

圆盘。白荷花在这些大圆盘之间冒出来'，你们能给其中的'冒'换个字吗？"

"可以换成'长'。"

"可以换成'露'。"

"可以换成'钻'。"

"可以换成'顶'。"

听完兄妹俩五花八门的答案，施大作家笑笑说："虽然意思差不多，但作者并没有用这些字，这是为什么呢？注意，要关注这些荷花怎样地长出来，才可以叫作'冒出来'。"

"迅速地长出来。"

"悄悄地、争先恐后地长出来。"

"假如你就是这些荷花，你的心情如何？"施大作家问。

"迫不及待！"

"激动万分！"

"太对了！"施大作家点点头，"迫不及待地长，激动万分地长，这就是'冒出来'呀！这个'冒'字让我们品出了荷花的急切、荷花的激动、荷花的争先恐后、荷花的迫不及待、荷花的心花怒放！"

　　"真没想到，一个字也能品出这么多的妙处来！"万里路惊叹道。

　　"这就是作家的高明之处，这就是文字的魅力啊！"施大作家说，"所以，我们在阅读的时候，一定要关注作者写作的'精彩之笔'。比如三年级上册《秋天的雨》这篇课文中，作者为什么要把黄色的银杏叶比作'一把把小扇子'？'金黄色是给田野的，看，田野像金色的海洋'，把这里的'看'字删掉好不好？为什么？'小朋友的脚，常被那香味勾住'，这里的'勾'可以换成哪些字？为什么作者选用'勾'？'秋天的雨，吹起了金色的小喇叭'，为什么不说'秋天的雨，好像在说冬天要来了'？用心揣摩，你品味语言形式的能力一定会有很大的提升。"

　　"如果在考试中遇到这样的题目，怎样作答才是最好的呢？"万里路希望能够学以致用。

　　"还是以《秋天的雨》为例吧。"施大作家说，"比如这样一道评鉴题：'橙红色是给果树的，橘子、柿子你挤我碰，争着要人们去摘呢！'，请你从写作的角度说说这句话好在哪里。"

　　"读这句话的时候，感觉很有趣。"万里路答。

　　"这句话使用了拟人的修辞手法，让描写的事物变得生动形象。"万卷书说。

"你们这样答都是要扣分的！"

听了施大作家的话，兄妹俩目瞪口呆。

"我们不是说过阅读题作答的一些基本格式吗？"施大作家反问，"回答这道题要把握两个要点：其一，点出拟人句'使描写的事物更加生动形象'的作用；其二，结合本句描写的具体事物展开，说说这样写会给读者带来什么体会，到底有什么好的效果。"

"这句话使用了拟人的修辞手法，生动形象地写出了秋天橘子、柿子丰收的景象，让读者感受到秋天丰收的喜悦。"万卷书重新回答。

"这就完整了。"施大作家满意地笑了笑，"现在的阅读题评分，往往都是'按点得分'，少答一点就少一点的分数。不要以为这类赏析题'说不清道不明'，其实也是有一定的技巧的！"

"哇，这下我考试要提分啦！"万里路激动地说。

16. 审问之，慎思之，明辨之

——如何提升思辨能力

"如果动物园里没有动物，我们怎么知道动物长什么样？怎么观察它们的生活习性？怎么更好地研究动物？毕竟不论是上网看图片，还是找百科书，都不如看到真实的动物来得有吸引力。"万里路义正辞严。

"我不同意你的意见。动物本来就是属于大自然的，大自然能够给它们提供足够的空间，而动物园的环境让很多动物改变了本性。如果要把动物关进动物园，人也算是高级动物，那么我们是不是也应该被关进动物园呢？"万卷书据理力争。

今天的阅读短文是秦牧的《黑豹和邻居》，最后一题是这样的：有人认为大自然才是动物的家，不应该把动物关进动物园。你同意这种观点吗？为什么？

兄妹俩各执己见，争论不休，看来只好请施大作家出面了。

"您倒是给我们评评理，到底谁说得对。"万里路缠着施大作家问。

"这道题谁对谁错，本来就没有标准答案。出题者要考核的是你们的思辨能力，或者说批判性思维。"

"什么叫批判性思维？"万里路不解地望着施大作家。

"对文本内容和语言提出疑问，或发表不同于他人的见解并提供足够的论据，这就属于批判性思维。"施大作家说。

"古人所说的'审问之，慎思之，明辨之'，就有这重意思吧！"万卷书想起了《中庸》中的语句。

"也可以这么理解。"施大作家说，"这一类的题目在我们的阅读测试中是越来越多了，而且往往分值很高。比如短文《味道是怎么来的？》阅读测试，最后一题这样问：'这篇说明文很有意思，标题是问句、小标题也是问句。你觉得好不好？根据文本内容说明理由。'"

"回答'好'或者'不好'都对吗？"万里路问。

"只回答'好'或'不好'是不给分的，联系生活体验和阅读经验，组织语言来支持自己的观点，才是得分点。这样吧，你们现场做一道题，看看能得几分。"

"好！"兄妹二人摩拳擦掌，跃跃欲试。

施大作家递过书，短文《一碗水》映入眼帘。

看见她是一天中午外婆在厨房做饭时，暑假回乡度假的我正在院子里闲来逗猫。

她进来了。我打量着她，一双不合脚的山地鞋上满是泥巴，袜子蜷缩着贴在细弱的脚腕上，腿上没有一处是完好的，大大小小全是蚊虫叮咬的伤疤，足以让人头皮发麻。不合身的裤腿挽到了大腿根，腰间还别着一根黑麻绳，大概是腰带吧。再看那满头黑白相间的枯发，头发后还绾着一个婴儿拳头大小的发髻，发间的卡子已经生了红锈；脸则像秋刀割过的麦地，只剩下沟壑纵横。

我下意识地从自己原来待的地方往后站了站。

她对我笑了笑，眼神里有点怯懦。人就是这种奇怪的动物，越是当别人尊重自己时，越觉得自己高人一等，我就是其中之一。看着自己整洁有型的外衣，想着自己在她面前风雅、矜持的形象，我有点儿沾沾自喜。

我对外婆说："有人来了。"外婆探头看了一眼，笑着呜呀呜呀地指手画脚，她也呜呀呜呀地比画着。我被这阵势弄晕了头脑，不解地问："这谁呀？"

"是个远方的亲戚，是个聋哑人，这是走不动了，讨碗水喝。去，拿个碗，给她弄点水喝吧。"

我惊愕地站在那里："用咱们吃饭的碗？"

外婆手里的厨房家伙叮当作响："那有啥。"

我万分不情愿。但碍于外婆，我还是从厨房拿了个碗，走到井前准备给她提水。

她伸手接过碗，呜呀呜呀和我点头哈腰。当我弯下腰把水从井里提出来时，她没有直接取水喝，而是先把碗洗了洗，然后才咕咚咕咚喝水。

她竟然要洗一洗我们的碗！说起来好像夸张，但我当时真的被震住了。

我有点呆了，不知心里是何滋味。是啊，我在都市的地铁看到乞讨的人，儿时的恻隐之心都已经麻木了；街头看见歌手卖力演唱，曾经支持鼓励的热情都已经消退了。我以为，我有质疑他人的权力；我以为，我有看不起他人的资格，可从此，我知道我错了。就像这位妇女，她也有爱干净的权利，也有着自己的人格和尊严。

接收着她呜呀呜呀的道谢，看着她善意真诚的笑容，我感到心虚。

目送她蹒跚远去的背影，外婆说："你别看她又聋又哑，可特别勤劳持家，是个好女人。"我仿佛被洞悉了内心的秘密，窘迫不安。

请原谅，我是那么年轻，以致轻狂。若能与你重逢，我定会双手捧碗，发自内心地道一句："歇歇脚，进来喝碗水吧。"

选自《青年文摘》2013 年第 22 期，作者贾赛赛

"有读者认为，'她'不可能做出'先洗碗后盛水喝'的举动。你同不同意这种观点？请根据文本内容说明理由。"施大作家问。

"我同意这种观点。"万里路声音洪亮，"第一，从'我'对'她'的外貌描写来看，'她'并不是'爱干净'的人；第二，从'生了红锈'的发卡子看，'她'家境贫寒，顾不上'干净'；第三，从'我'以及'外婆'来看，我们提供的东西——'吃饭的碗'应该是干净的——至少比'她'家的干净。"

"满分！"施大作家说道。

"我不同意。"万卷书说，"第一，'她也有爱干净的权利'，也就是说，'爱干净'是'她'的本能；第二，外婆说她'是个好女人'，好女人当然爱干净。"

"满分！"施大作家笑道。

"耶——"兄妹二人齐声欢呼。

17. 做一个高明的读者

——如何阅读叙事性文章

这是一个漂浮着橘黄色光影的美丽黄昏，兄妹俩被宗介华的《带刺的朋友》一文深深吸引住了。

秋天，枣树上挂满了一颗颗红枣，风儿一吹，轻轻摆动，如同无数颗飘香的玛瑙晃来晃去，看着就让人眼馋。

一天晚上，新月斜挂，朦胧的月光透过树枝，斑斑驳驳地洒在地上。我刚走到后院的枣树旁边，忽然看见一个圆乎乎的东西，正缓缓地往树上爬……

我非常惊讶，赶忙贴到墙根，注视着它的一举一动。

"是猫，还是别的什么？"我暗暗地猜测着。

那个东西一定没有发现我在监视它，仍旧诡秘地爬向老树杈，又爬向伸出的枝条……

挂满红枣的枝杈慢慢弯下来。

后来，那个东西停住了脚，兴许是在用力摇晃吧，树枝哗哗作响，红枣噼里啪啦地落了一地。

我还没弄清楚是怎么回事，树上那个家伙就噗的一声掉了下来。听得出，摔得还挺重呢！

我恍然大悟：这不是刺猬吗？

很快，它又慢慢活动起来了，看样子，劲头比上树的时候足多了。它匆匆地爬来爬去，把散落的红枣逐个归拢到一起，然后就地打了一个滚儿。你猜怎么着，归拢的那堆红枣，全都扎在它的背上了。立刻，它的身子"长"大了一圈。也许是怕被人发现吧，它驮着满背的红枣，向着墙角的水沟眼儿，急火火地跑去了……

我暗暗钦佩：聪明的小东西，偷枣的本事真高明啊！

可是，它住在什么地方呢？离这儿远不远？窝里还有没有伙伴？好奇心驱使我蹑手蹑脚地追到水沟眼儿，弯腰望去，水沟眼儿里黑洞洞的，小刺猬已经没有了踪影。

选自《带刺的朋友》，湖南少年儿童出版社，作者宗介华

"知道这位带刺的朋友是谁了吧？"看他们读完，施大作家问。

"当然是小刺猬啦！"万里路回答。

"那天晚上它在农家小院干什么，被小作者发现了呢？"

"偷枣！"万里路笑嘻嘻地说。

"没错，作者目睹了刺猬偷枣的过程，还情不自禁夸奖它偷枣的本事真高明哩！"施大作家点点头，"不过，如果作为一篇阅读短文，我们只读懂以上几个信息，那是远远不够的。阅读

叙事性的作品，要能读懂主要内容，复述文中的事件梗概，简单描述自己印象深刻的场景、人物、细节；要能说出自己的喜欢、憎恶、崇敬、向往、同情等感受，并通过有感情的朗读，表现对作品中人物的命运和喜怒哀乐的体会和感受；还要能领悟文中生动、形象的语言，体会其表达效果。出几道题考考你们吧！"

"好嘞！"兄妹俩异口同声。

"谁能用一句话说说这篇文章主要讲了一件什么事。"施大作家问。

"主要讲了作者观察刺猬偷枣这件事。"万里路回答。

"不错，再考考你们的概括能力吧。"施大作家说，"如果把刺猬偷枣的四个画面各用一个小标题概括，你会怎么概括？"

"爬树摇枣—下树归枣—打滚扎枣—驮枣逃跑。"万卷书言简意赅。

"准确简练。"施大作家竖起大拇指，"刺猬上树时为什么'缓缓'地爬，而下树时却要直接掉下来？"

"从'缓缓'这个词可以读出刺猬行动小心翼翼，从'噗的一声'可以感受到刺猬的动作十分灵敏，懂得节约时间。这的确是一只聪明的刺猬啊！"万卷书说。

"这么一交流，你们对文章的把握的确更深入了。看来理解性的题目难不住你们，来做一道评价鉴赏题看看。"施大作家说，"《带刺的朋友》一文，使用了许多生动的语言来表现这只聪明又可爱的刺猬，体现了作者对刺猬的喜爱之情。作者对刺猬的称呼前后不同，有'那个东西''那个家伙''小东西'等，这些称呼其实都是指刺猬。要是把每句话中的不同称呼都换成'刺猬'，这样好吗？"

"我觉得不好。"万卷书回答，"一对比就知道了，重复使用'刺猬'，句子读起来很生硬，显得干巴巴的，很没意思。原句中不同的称呼显得生动有趣。'那个东西''那个家伙''小东西'这些称呼的变化源于作者对刺猬情感的变化。'小东西'最能体现作者对刺猬的喜爱了！"

"的确，'小'这个字眼可真奇妙，往往能细腻地表达出一份喜爱，显得特别亲切。瞧，你认真听讲的样子多招人喜欢，我忍不住要夸你'小可爱'。你那么乖巧，奶奶会充满爱意地叫你什么呢？"

"小宝贝、小乖乖、小心肝……"万卷书都有点不好意思了。

"你调皮捣蛋了，爸爸也会笑着叫你什么呢？"施大作家把头转向了万里路。

"小讨厌、小淘气、小坏蛋……"

"你瞧，有意思的称呼也可以使语言变生动。阅读时，我们要抓住文本精妙的语言好好品味。"施大作家说，"就像之前说过的，阅读时还要有批判性思维。我们都知道'偷'是不文明的行为，既然偷的是作者家的枣，按理说作者应该很讨厌刺猬呀，为什么还要称它为'朋友'呢？"

万卷书回答："作者称刺猬为朋友，是源于一份喜爱。其实，刺猬偷枣是动物觅食的本能，这一'偷'反而让我们感受到刺猬的聪明，见识了它高强的本事。我们也要做一个高明的读者噢！"

"我想到了古诗《池上》中的'小娃撑小艇，偷采白莲回'，这里的'偷'字，也让我们感受到一个天真无邪、活泼可爱的乡村孩子的形象。"万里路说。

"阅读就是要这样融会贯通！"施大作家满意地笑了。

19. 体会表达的精妙

——如何阅读说明文

"我考试时最害怕说明文了，感觉很难读懂！"万里路满腹牢骚。

"阅读说明文，重点是认识说明文在语言表达上准确、简明的特点，初步认识列数字、举例子、作比较、打比方等说明方法，体会其表达效果。"

施大作家讲解后，让兄妹俩阅读《鲸》的第一自然段。

不少人看到过象，都说象是很大的动物。其实还有比象大得多的动物，那就是鲸。目前已知最大的鲸约有十六万公斤重，最小的也有两千公斤。我国捕获过一头四万公斤重的鲸，约十七米长，一条舌头就有十几头大肥猪那么重。它要是张开嘴，人站在它嘴里，举起手来还摸不到它的上腭，四个人围着桌子坐在它的嘴里看书，还显得很宽敞。

选自人教版小学语文五年级上册《鲸》，人民教育出版社，作者于功

"很显然，这一段主要写了鲸的'大'。"施大作家说，"那么，这段话分别用了哪些说明方法？用上这些说明方法有什么好处呢？"

"文章把鲸和大象作比较。将不熟悉的事物与熟悉的事物相比较，由象的'很大'到鲸的'比象大得多'，以此来说明鲸的庞大。这样写可以给人留下鲜明的印象。"

"要对自己有信心，说得不错嘛！"施大作家对万里路的发言表示肯定。

万卷书回答："作者先列举具体数字来说明鲸的体重，用重量说明鲸大。然后又以我国发现的一头鲸为例，从它的体重、身长、舌头及口腔的宽大等方面具体生动地说明鲸的确非常大。然而，这头鲸虽然有'四万公斤重'，可还不是最大的，已知的'最大的鲸约有十六万公斤重'。通过这样的比较，更进一步说明鲸是体形庞大的海洋动物。这段话运用列数字、举例子等说明方法，使叙述更加准确、清楚，更清晰地写出鲸是个庞然大物。"

"讲得好极了！看来你们对这篇文章很熟悉，接下来挑战另一篇。请阅读《飞向蓝天的恐龙》一文的第四自然段。"施大作家边说边打开了书。

地球上的第一种恐龙大约出现在两亿三千万年前，它和狗一般大小，像鸵鸟一样用两条后腿支撑身体。数千万年后，它的后代繁衍成一个形态各异的庞大家族。有些恐龙像它们的祖先一样两足奔跑，有些恐龙则用四足行走。有些恐龙身长几十米，重达数十吨；有些恐龙则身材小巧，体重不足几千克。有些恐龙凶猛异常，是茹毛饮血的食肉动物；有些恐龙则温顺可爱，以植物为食。其中，一些猎食性恐龙的身体逐渐变小，长得也越来越像鸟类：骨骼中空，身体轻盈；脑颅膨大，行动敏捷；前肢越来越长，能像鸟翼一样拍打；体表长出了美丽的羽毛，不再披着鳞片或鳞甲。它们中的一些种类可能为了躲避敌

害或寻找食物而转移到树上生存。这些树栖的恐龙在树木之间跳跃、降落，慢慢具备了滑翔能力，并最终能够主动飞行。不过，另一种看法是，飞行并非始于树栖生活。有些科学家推测，一种生活在地面上的带羽毛恐龙，在奔跑过程中学会了飞翔。不管怎样，科学家们认为：原本不会飞的恐龙最终变成了天之骄子——鸟类，它们飞向了蓝天，从此开辟了一个崭新的生活天地。

选自人教版小学语文四年级下册《飞向蓝天的恐龙》，人民教育出版社，作者徐星

"这是一篇科普文章，主要向人们介绍了科学家们根据研究提出的一种假说：鸟类很可能是一种小型恐龙的后代。读完这段话，你们能简明扼要地介绍恐龙飞向蓝天的演化过程吗？"

"第一种恐龙大约出现在两亿三千万年前，它的后代繁衍成一个形态各异的庞大家族，其中一些猎食性恐龙在身体逐渐变小的同时也长得越来越像鸟类，它们中的一些飞向了蓝天。"万里路把施大作家教的概括方法用得炉火纯青。

"为了体现恐龙家族的形态各异，作者使用了一种说明方法，你们知道叫什么吗？"

"分类别。"万里路回答。

"这种方法好在哪儿？"施大作家追问。

"这……这个嘛……"万里路被问得有点不知所措。

"作者通过两两对比的方式，分别从行走方式、体型、性情

三方面进行介绍，条理清楚，层次清晰，让读者充分感受到恐龙的确是一个形态各异的庞大家族，使文章更具有说服力。"万卷书流畅作答。

"简直是标准答案哩。"施大作家赞不绝口，"提升点儿难度。你们觉得这段话中的哪些词句用得特别准确？"

"'有些恐龙身长几十米，重达数十吨；有些恐龙则身材小巧，体重不足几千克。'我觉得这一句中的'重达'和'不足'两个词语用得特别好。把恐龙的轻重之别鲜明地体现出来了。"

"你瞧，语言的魅力就是这么大！"施大作家感慨道，"对于文中所提到的'地栖说'和'树栖说'两种观点，你们更赞同哪一种？"

"我赞成'树栖说'。"万里路发表自己的看法，"据我所知，与滑翔或飞行相关的动物几乎都生活在树上。"

"我赞同'地栖说'。你看有一些幼鸟在爬坡时会拍打翅膀，帮助它们向上爬。飞机起飞前，需要在跑道上助跑一段。这些生活中的例子，不正充分证明了这一点吗？"万卷书说。

"相信随着越来越多精美化石的发现，科学家们一定能够全面揭示这一历史进程。让我们拭目以待吧！"施大作家总结道。

19. 生活才是最大的考场
——如何阅读非连续性文本

天气和暖的一天，施大作家带着兄妹俩去校园图书馆。来到门口，一张世界读书日的海报吸引了大家的目光。再看看旁边，还有对"图书漂流活动"的一段资料介绍。

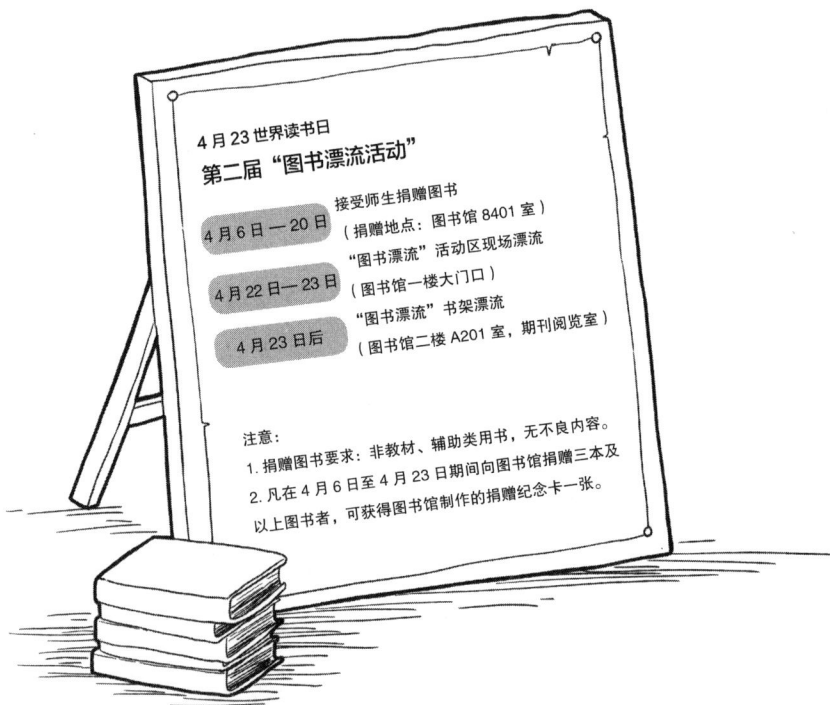

4月23世界读书日
第二届"图书漂流活动"

4月6日—20日　接受师生捐赠图书
　　　　　　　（捐赠地点：图书馆8401室）

4月22日—23日　"图书漂流"活动区现场漂流
　　　　　　　（图书馆一楼大门口）

4月23日后　　"图书漂流"书架漂流
　　　　　　　（图书馆二楼A201室，期刊阅览室）

注意：
1. 捐赠图书要求：非教材、辅助类用书，无不良内容。
2. 凡在4月6日至4月23日期间向图书馆捐赠三本及以上图书者，可获得图书馆制作的捐赠纪念卡一张。

图书漂流，是一段文明美丽的奇妙旅程，它起源于二十世纪六七十年代的欧洲。读书人将自己读完的书，随意放在公共场所，如公园的长凳上。捡获该书的人可取走阅读，读完后将其放回公共场所，让下一位爱读书的人阅读，继续这一段漂流之旅。没有借书证，不需付押金，也没有借阅期限，这种好书共享的方式，让"知识因传播而美丽"。如今，图书漂流的方式已不局限于户外投放一种，越来越多富有想象力的书友，在投漂说明中设定了自己的漂流原则，使图书的漂流过程变得更加丰富多彩。

　　"我如果想参加书架漂流，应该去哪个地点？你们帮我找找看。"施大作家出了道题。

　　"这……我倒没注意，让我仔细看看。"万里路答道，"找到了，应该是图书馆的期刊阅览室。"

　　"嗯，答对了！"施大作家点点头。

　　"此次活动是为了响应'世界读书日'而举办的，主要是接受师生捐赠。海报上写着，凡是向图书馆捐赠三本及以上图书者，均可获得一张捐赠纪念卡。我也想捐几本书，获得一张捐赠纪念卡。我下午就把书带来！"万里路兴致勃勃地说。

　　"别着急，捐赠活动还没开始哩。"施大作家笑笑，"上面写着是 4 月 6 日至 4 月 23 日期间捐赠才可以获得捐赠纪念卡，今天才 4 月 3 日哩！"

　　"噢，忘了看时间了！"万里路挠挠头。

"你准备捐赠什么书啊？"施大作家问。

"《米小圈上学记》《鲁滨孙漂流记》《小学总复习教程》，就这三本了！"

"嘿，你准备捐赠的书有一本不符合要求。"万卷书提醒。

"哪一本？"

"《小学总复习教程》。"万卷书说，"海报上面的捐赠图书要求，不是写着'非教材、辅助类用书，无不良内容'吗？《小学总复习教程》属于教辅用书，不符合要求。"

"哎，语文基本功不过关，连海报都看不懂了。"万里路自嘲道。

"图书漂流活动的副标题还空着，你们能帮忙想一个吗？"施大作家问。

"图书漂流——让我们走进知识的海洋。"

"图书漂流——给我们带来自信和坚强。"

听了兄妹俩的回答，施大作家摇摇头，说："虽然你们讲的都是读书的作用，但和本次活动的主题还是离得比较远。再想想吧！"

"有了！"万里路兴奋地说，"图书漂流——架起你我友谊的桥梁。"

与此同时，万卷书也给出了新的答案："图书漂流——给知识一个美妙的日程。"

"都挺富有诗意的，"施大作家笑着说，"但是把图书漂流说成'架起你我友谊的桥梁'，依然不够准确。而'给知识一个美妙的旅程'，则显得准确且充满感召力。"

"妹妹的答案的确是好。"万里路自叹不如的同时也充满疑惑，"考试的时候会出这一类题目吗？"

"当然会啦。"施大作家说，"这类阅读题叫'非连续性文本'，由语言文字和各种符号组成，前后内容不是按事件发展或逻辑关系排列的，如具有各种功能的地图、合同、发票、广告、表格、清单、说明书、统计资料等。"

"我们的数学书中不是经常出现这种内容吗？各种数据表格，认识时间，认识元角分，比比皆是。"万里路说。

"对啊，"施大作家回应，"非连续性文本很常见。它的特点是直观、简明，概括性强，具有很高的实用价值，是人们日常生活和工作中不可或缺的实用性文本。"

"不同学段对于阅读非连续性文本有什么不同要求呢？"万卷书想作更多的了解。

"小学阶段，学生阅读的非连续性文本一般比较简单，要能从图文等组合材料中找出有价值的信息；上初中后，好阅读由多种材料组合、较为复杂的非连续性文本，要能领会文本的意思，得出有意义的结论。"

施大作家停顿了片刻，继续说："提高非连续性文本的阅读能力，除了能够轻松应对试卷中相关的阅读题，更重要的是能让我们的生活变得更加方便。与一张试卷相比，生活才是最大的考场！"

"您这么讲，我深有同感。"万里路笑嘻嘻地说，"有一次，爸爸送我们一套需要组装的变形金刚，我和妹妹就是自学了说明书，最后才把它完美组装的！"

正在他们聊得起劲的时候，旁边走来一个小弟弟，手里拿着一张学校兴趣小组的课程表，显得一脸茫然的样子。

"小弟弟，你读几年级啊？有什么需要帮助的吗？"万里路关切地问。

"我在三（1）班读书，老师要我们报名兴趣小组。我想参加一个兴趣小组，但是只有周五下午有时间。你能帮我看看应该选哪个兴趣小组吗？"

如果你是万里路，你能告诉小弟弟可以参加哪个兴趣小组吗？

兴趣小组	活动时间	参加条件
围棋小组	周二、五下午	限有一定围棋基础者参加，且每周的两次活动都必须参加
游泳小组	周五下午	凡有兴趣者都可参加
足球小组	周一、三、五下午	报名后，无特殊情况，每周的三次活动都须参加
科技小组	周五下午	仅限四年级以上同学参加

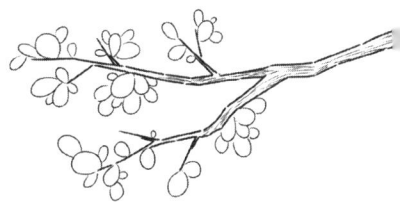

作文篇

20. 作文那些事儿

——如何解决写作中的困惑

穿上笔挺的西装，佩戴鲜红的领带，一副老式眼镜被擦得锃亮——今天，施大作家要参加"作文多大点事儿"电视节目的录制。

成千上万的小观众守在电视机前。镜头前的施大作家精神饱满，侃侃而谈。

"作文是一个很大的话题，大家的困惑可能也有很多。但是，时间毕竟有限，不容我讲太多。因此，本期节目我主要和大家分享'作文十诀'。

"第一诀：真情乃作文之魂。'天生我材必有用，千金散尽还复来'，这是李白的洒脱豪放；'安得广厦千万间，大庇天下寒士俱欢颜'，这是杜甫的真切呼唤；'泪眼问花花不语，乱红飞过秋千去'，这是欧阳修的哀伤惆怅；'时人不识余心乐，将谓偷闲学少年'，这是程颢的自得其乐。奥地利著名小说家卡夫卡说：'什么叫写作？写作就是把自己心中的一切都敞开，直到不能再敞开为止。'真情乃作文之魂，只有那些哭着、笑着的文字里，才会走出一个真实的自我。没有真情，就没有真正意义上的作文。

"第二诀：生活乃作文之母。如同母亲哺育孩子一样，生活哺育了文字。与朋友的一次聚会，是春暖花开的文字；与驴友的一次远足，是长途跋涉的文字；与师长的一次长谈，是醍醐灌顶的文字；与父母的一张合影，是纯净阳光的文字；与家人的一次别离，是百转千回的文字……我们生活中的每一次经历，每一种感受，都可以写下来，成为自己生命印记的一部分。而这，从某种意义上说，不正是最好的作文吗？

"第三诀：阅读乃作文之父。朱熹《观书有感》诗云：'半亩方塘一鉴开，天光云影共徘徊。问渠那得清如许？为有源头活水来。'阅读，就是知识和思想的发源地。一部《红楼梦》涉及历史、文学、经济、音乐、医药、园林乃至烹饪等诸多领域，如果曹雪芹没有丰富的阅读积累，是不可能写出这样的巨著的。

"第四诀：灵感乃作文之眼。很多经典作品的诞生，都得益于灵感的降临。诗人闻一多就是因为看见一沟臭水，触发了自己的感想，才创作了讽刺现实社会的诗作《死水》。曹文轩先生坦言：'灵感一定是来自知识，一个没有知识浸润，没有知识武装的大脑，是不可能有灵感的，也不可能有发现财富的眼力。'诚然，灵感不能简单地理解为就是心血来潮、灵机一动的产物，而是在长期积累后出现的，所谓'得之于顷刻，积之于平日'。

　　"第五诀：情节乃作文之骨。'风景区之路，宜曲不宜直，小径多于主道，则景幽而客散，使有景可寻、可游，有泉可听，有石可留，吟想其间。'陈从周先生的这段评述，是针对风景区道路的设计而言的。其实在作文中，我们也要善于将得意之笔藏于幽处，经曲折变化之后，乃得佳境。好的情节设计，能立起整篇文章的骨架，让后续写作精彩可期。

　　"第六诀：技巧乃作文之筋。老舍说：'最大的技巧是无技巧。'我想这是他已经深谙写作之道后说的话。对于一般学习写作的人而言，必须一招一式地学习表达技巧才行。如何选材，如何拟题，如何开头，如何结尾，如何观察，如何修改，等等。这些融合在作文中的技巧，就像附在人体肌腱或骨头上的韧带一样，可以起到很好的调节作用。

"第七诀：炼字乃作文之肌。就像健美需要锻炼肌肉一样，作文也需要锤炼语言。唐代韩愈与贾岛之间'推敲'的故事你们一定不陌生。两个文学痴迷者为了推敲一个字，就这样在大街上神侃起来。之后还并排骑着驴和马到韩愈府上，一同谈论作诗的方法，并因此结下深厚的情谊，可谓一段文坛佳话。

"第八诀：想象乃作文之翼。没有想象，哪有白居易'可怜九月初三夜，露似真珠月似弓'的唯美；没有想象，哪有贺知章'不知细叶谁裁出，二月春风似剪刀'的发现；没有想象，哪有李白'大鹏一日同风起，扶摇直上九万里'的豪气；没有想象，哪有李煜'问君能有几多愁？恰似一江春水向东流'的绝妙。让我们张开想象的翅膀，飞向写作的王国。

"第九诀：创新乃作文之趣。创新，就是善于凡中见奇，比如作家林清玄看到农夫插秧，悟出'退步原来是向前'的至理；创新，就是追求与众不同，比如著名诗人高洪波就写过一首《懒的辩护》，颇具创意。

"第十诀：发表乃作文之美。写作本质上是一种面向公众的言说，几乎每一个写作者都期望自己的文字能见诸报端。发表，既表明写作者的才华被认可，又象征着写作者获得了向公众言说的权利。一个写作者最大的荣耀，莫过于拥有在公众面前言说的能力和资格。写作、发表所带来的充实、自信、荣耀，足以滋养出积极而充盈的生命。

"'一千个读者，就有一千个哈姆雷特'；一千个作者，同样会有一千种创作体会。'作文十诀'只是我个人对作文的理解与感悟，希望能为你们的写作推开一扇窗，打开一道门。今天我的分享到此结束，谢谢大家！"

21. 不做"写作困难户"

——如何进行精准补差

福建省福鼎市磻溪镇的赤溪村，被称为"中国扶贫第一村"。

我国矢志扶贫三十多年，让贫困地区的人们自己站起来，这个普通小山村的变迁正是我国乡村振兴的缩影。从全面脱贫到如今的美丽乡村，赤溪村亲历了这一伟大历史进程。

"这多亏了国家的扶贫政策啊！"漫步在赤溪玻璃栈道上，施大作家满怀感慨地说。

"扶贫之后，一个小山村竟会有如此巨大的改变。我觉得在写作方面，有些同学也需要'扶贫'。这样做，他们说不定也能'奔小康'！"万卷书突发奇想。

"这倒是新鲜，"施大作家笑个不停，"其实就是如何帮助写作后进生的问题嘛！扶贫开发要做到精准识别、精准帮扶、精准管理。对于学生群体中的'写作困难户'而言，同样需要对其进行'精准扶贫'，以期取得最佳效果。"

"我……我感觉自己也是'写作困难户'啊！"万里路结结

巴巴地说。

"是吗？不妨对照指标识别一下。"施大作家说。

"快说说，有什么指标，我好对照检测一下。"万里路催促道。

"指标一：内心害怕。不少同学其实都或多或少能写一些作文，但由于心理恐惧，慢慢地便失去了信心。"

"这一条完全不符合。"万里路摆摆手，"我不怕作文，作文还怕我呢！呵呵！"

"指标二：语言贫乏。总写'流水账'式的作文，叙述平白，词汇量少，读来索然无味，无法吸引读者的阅读兴趣。"

"嗯……这一点嘛，我好像还行！"万里路说。

"指标三：素材单一。体现父母之爱，就写生病时父母如何照顾自己；回忆难忘的事，往往就是写捡钱包或者让座位；记录印象深刻的人，一定就是写教自己的语文老师或数学老师。过于单一的素材选择，会让作文失去必要的新鲜感。"

"这条八竿子打不着，我素材多着呢！"万里路嬉笑着。

"指标四：方法缺失。写人、记事、写景、想象，不明白不同类型的作文该如何谋篇布局；语言、动作、神态、心理，不懂得不同细节该如何精细刻画。写作方法明显缺失。"

"从寻找作文王国回来，我还是掌握了不少方法，不存在写作方法明显缺失的情况。"万里路自信地说。

"综上所述，你当然不是'写作困难户'啦！"万卷书笑着对哥哥说。

"那对于班上的'写作困难户'，除了寻求老师、家长以及同学的帮助外，自己还可以做哪些方面的提高呢？"万里路请教施大作家。

"对照指标精准识别之后，就要量身定制具体方案。比如害怕写作的同学，就要消除恐惧心理，过好心理关。充分认识到写作就像说话一样，把所说的话连在一起，就是一篇文章。"

"语言贫乏，有什么药可治？"

面对万里路的提问，施大作家抿了一口茶，说："大量阅读对于丰富作文语言的作用不言而喻，但不能只是眼看手不动，需要下些'笨功夫'。比如，把文中的精彩词句摘抄下来，古人学习的一个重要方法就是抄书。又如，要经常有意识地把积累摘抄下来的词句进行运用，将'消极词句'变为'积极词句'。今天用几个好词，明天用几个佳句，后天引用一些名言，久而久之，遣词造句会越来越得心应手，作文的语言自然也会越来越丰富。"

"嗯，精彩词句也都是日积月累而成的啊！"万里路点点头，"那如何解决素材单一的问题呢？"

"素材单一，主要是由于观察不够仔细，体验不够丰富，感悟不够深入，建议多看，多做，多想。比如长期连续地观察动植物，比如积极参加买菜、做饭、洗衣、扫地等劳动，比如积极关注时事新闻并发表自己的见解，等等。"

"那方法缺失又该怎么办呢？"

面对万里路的追问，施大作家神秘一笑："写作方法有很多，今天我要传授给你们其中一个重要的方法。"

"什么方法？"兄妹俩翘首以待。

"激活'六根'，就可以把作文写得生动具体。"

"六根，就是树根、菜根、草根这些吗？"万里路望文生义。

"非也，'六根'指的是眼、耳、鼻、舌、身、意。"施大作家摆摆手，"眼，就是眼睛，代表视觉系统。耳，就是耳朵，代表听觉系统。鼻，就是鼻子，代表嗅觉系统。舌，就是舌头，代表味觉系统。身，就是身体，代表触觉系统。意，就是大脑的神经、意识，代表意识系统。激活'六根'，其实就是调动多种感官来写作。"

"给我们举个例子好吗？"万卷书觉得有些抽象。

施大作家略作思考，说道："比如写秋天，看到的有'枫叶落下来、稻谷变黄了、天更蓝了、云更高了'，听到的有'落叶沙沙响、秋虫在呢喃'，闻到的有'菊花的清香、桂花的醇香'，尝到的有'苹果的甘甜、葡萄的酸甜'，触到的有'秋风拂面、秋雨洒落'，想到的有'丰收的喜悦、秋雨的愁绪'……"

"哇，这样写秋天，的确是生动具体多了！"万里路拍手叫好。

"当然，写作方法还包括详略的安排、题目的拟定、人物的刻画、修辞的使用，等等。精当选择，过好方法关，作文就会'更上一层楼'！"

听完施大作家的话，兄妹俩对写好作文更有信心了。

22. 从一部电影说起

——如何丰富作文积累

　　到处一片混乱，主人公冷锋无法放下心中军人的使命，开始带着自己的非洲"干儿子"以及中国商人一起穿越枪林弹雨，前往中国大使馆。难以想象，手无寸铁的冷锋在保护两个人的同时，还要躲避射击与火箭弹，在炮火肆虐中突出重围……

　　施大作家和万氏兄妹被电影《战狼2》中的一个又一个精彩场面深深吸引。电影结束后，三人意犹未尽地走出影院。

　　"为什么主演吴京能把角色扮演得如此之好？"万里路忍不住问道。

　　"好演技不是凭空而来的，其中一个重要的原因便是深入体验。"施大作家说，"这部电影筹拍阶段，吴京得到批准，在特种部队进行了为期十八个月的生活体验。在部队里，吴京对从义务兵到士官的每一个岗位都进行了深入的了解和体验，并参与了所有特种专业训练。没有这些体验，何来精彩的演绎？"

　　"哇，生活就是艺术创作的源泉啊！"万卷书不禁感慨道。

　　"电影如此，写作更是如此。"施大作家点点头，"为了写好《水浒传》中有关老虎的场面，施耐庵只身爬到树上，静候一夜，只为近距离观察饿虎扑食的惊心动魄的场面。他还经常到猎户家中，与有打虎经验的猎户亲切交谈，了解老虎的习性和不同情况下的动作、神态，以及猎户和老虎搏斗的切身经历。这些都为施耐庵的创作提供了丰富的素材。"

　　"所以我们也要不断体验生活，这样才有源源不断的写作素材。"万卷书谈了自己的感想。

　　"我们每天不都在生活之中吗？为什么还是没有足够的素材呢？"万里路拼命摇着头。

　　"的确是这样的，我们每天都会接触很多人，经历很多事。但是，如果不用心，这些并不能成为你的写作材料。蜗牛，大家肯定都见过，但如果让你现场写上一段，你未必会写得好，因为可能只是匆匆看过一眼。凤仙花，很多人也都见过，但如果要你把它的生长过程一一描写出来，你未必能写得出。凤仙花什么时候发芽，小芽是怎么样的；什么时候长叶，叶子是怎么样的；什么时候开花，花瓣是什么样的……这些你未必清楚，又怎么能细致描写呢？总之，没有足够的观察，没有深刻的感受，是很难写出好作文的。"施大作家举例说明。

"看来，家里至少得养一种动物，种一样植物才行哩！"万里路似懂非懂。

"比这些更重要的，还是观察与思考。"施大作家提醒道，"苏联教育家苏霍姆林斯基说过：'观察对于儿童之必不可少，正如阳光、空气、水分对于植物之必不可少一样。'在这里，观察是智慧重要的能源。"

万卷书听罢，忽然想起了日本作家长田弘的绘本，于是充满诗意地说："我记得《第一次提问》里有一长串饶有趣味的提问：窗外，路边，是什么映入你的眼帘？挂满雨滴的蜘蛛网，你可曾看见？走过橡树，走过榉树，你是否曾停下脚步？街边的树木，你知道它们的名字吗？你可曾想过，把它们当作朋友。你最近一次凝望河川，是什么时候？最近一次坐在砂石上、坐在草地上，又是哪一天？……"

"这就叫用心体验生活。"施大作家说，"当然，要丰富作文积累，还有一个很重要的方面，就是要善于阅读。你们读过曹文轩的《火印》这本书吗？"

"我刚读过，"万卷书回答，"这本书主要讲雪儿是坡娃从狼群里救回的一匹小马驹，它和坡娃一家，在野狐峪过着宁静和谐的田园生活。战争爆发了，雪儿被抢走，身上留下了一枚日本军营的火印。日本军官原野看中了雪儿，想驯服它。但雪儿不肯，它心中唯一的主人是坡娃。由于抗拒，雪儿沦为了拉战炮的战马，不得不忍受母子分离，遭受种种凌辱。同时遭遇不幸的，还有处在日军炮火下的野狐峪村民。经历战火和苦难后，坡娃终于带雪儿回到了野狐峪，但雪儿身上的火印，却成了它终身的耻辱。"

　　"嗯。"施大作家点点头，"这么精彩的故事，创作灵感来自何处？原来是作者曹文轩在一次随手翻萧红的作品《旷野的呼喊》时看到一段文字，说是在一个风沙弥漫的天气里，主人公朦朦胧胧地看到有几匹马向他这边跑过来。他心想应是有客人骑马来这里，没有将缰绳系牢，让这几匹马跑了，于是呼唤马，想在马跑过来时一把将马拉住。可当马跑到跟前，他伸手去抓缰绳时，手却又立刻缩回去了——他看到马的身上烙有日本军营的火印。作者从这儿得到了灵感，加上平时素材的积累，成就了这部精彩的长篇小说。"

　　"我们也可以模仿经典作品进行创作。"万里路颇有感触。

　　"这只是阅读的一个方面。"施大作家补充说，"阅读不仅可以积累词汇、丰富知识、扩大视野、感悟道理，更能积累'语感'。"

"什么是'语感'？"万里路摸摸后脑勺。

"或许你对于'语感'比较陌生。那么，我们先说'手感'吧！银行的点钞员有一个本事，能在一沓钱中迅速分辨出真钞假钞来。凭的是什么？凭的其实就是'手感'。"施大作家说。

"噢，我明白了，'语感'就是对语言的敏锐感觉。有了好的语感，写起作文一句连着一句，好像自动的一样。"万里路恍然大悟。

"对，不断阅读和积累，期待你们也能'读书破万卷，下笔如有神'噢！"施大作家向兄妹俩投去期待的目光。

23. "画"出好作文

——如何运用思维导图

课堂小天地，天地大课堂。三人寻找的步履即将踏上国外的旅程。

出国首先要办理护照。三人来到城市行政服务中心，根据楼层示意图，迅速找到了公安局出入境业务办理窗口。

办理护照都有哪些流程呢？他们正准备询问工作人员，墙上一张流程图映入眼帘：排队拍照（也可自行准备相片）—填申请表—排队轮号—提交材料（申请表、身份证、相片、拍照回执）—验身份证—缴纳费用—保管回执（领取护照的凭证）。

三人按照流程图展示的顺序，很快就办理好了护照业务。

走出城市行政服务中心，万里路感慨道："本想着手续肯定很麻烦，没想到速度如此之快！"

"哈哈，真是贴心服务。"万卷书笑着说，"今天多亏了那张流程图，先做什么，再做什么，最后做什么，一清二楚。如果没有这张图，我们肯定一头雾水。"

"讲得好。"施大作家肯定地说，"你们假设一下，如果那不是一张流程图，而是写得满满的几页文字，能这么一目了然吗？有时候，一张图就胜过千言万语。办事如此，学习也是如此！"

　　"《学习的革命》这本书，就提出了借助思维导图来学习的观点，我印象很深！"万卷书回忆起自己看过的书。

　　"是的，这本书指出，学习者往往选择一行一行地记笔记，但是大脑不是以这种方式运作的，它不是用清清楚楚一行行或一栏栏的方式存储信息的。大脑是将信息存储在树状的树突上的，它以分类和关联的方式存储信息。因而，你越能用大脑自身的记忆方法学习，你就学得越容易、越迅速。"

　　"这是脑科学吧！"万里路向施大作家求证。

　　"正是。"施大作家说，"这种脑科学研究的成果，能够直观反映抽象的思维过程，用在记忆方面效果明显，应用于写作训练，同样效果良好。"

　　"噢，您能举个例子吗？"万里路精神一振。

　　"比如写《养兔记》之前，有个同学设计了一幅思维导图。"施大作家提醒兄妹俩停下脚步，找了路边的长椅坐下，动手画起图来。

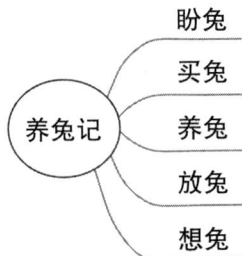

"用思维导图来列提纲，果然简单易懂！"万里路惊呼起来。

"当然，思维导图还可以'变身'成流程图。比如有个同学这样写一处风景。"施大作家边说边画。

| 开头 | 景点1 | 景点2 | 景点3 | 景点4 | 结尾 |

"再比如有个同学这样写一种植物。"施大作家寥寥数笔，又画出一幅流程图。

| 开头 | 枝叶 | 花朵 | 果实 | 功用 | 结尾 |

"哇，就像办事有流程一样，写作也需要一定的流程。流程图的使用，对于明确写作思路、安排写作重点、调控写作时间都有着十分重要的作用。"万卷书大开眼界。

"这些可视化图形，不仅可以辅助我们谋篇布局，对于素材组织，也是很有帮助的。比如围绕"用一件事写父母的爱"写作文，可以分人物、时间、事件、感情四方面进行思考，通过坐标图呈现素材组织的基本过程，能有效降低写作难度。"施大作家随手画起坐标图来。

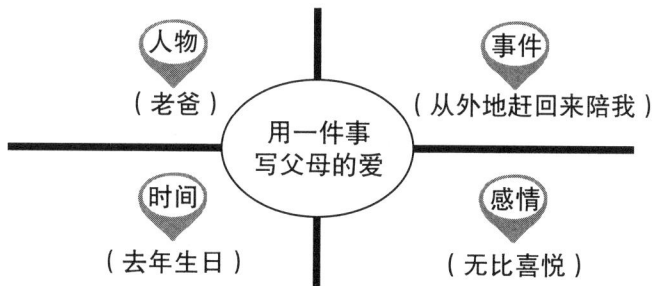

人物（老爸）　事件（从外地赶回来陪我）
用一件事写父母的爱
时间（去年生日）　感情（无比喜悦）

"这种图示，就是发散性思维的直观呈现。班上有些同学老半天都找不到写作素材，也许可以试试这种方法。"万卷书若有所悟。

"可视化图形的作用还不止这些，"施大作家推了推眼镜，"除了对谋篇布局、素材组织有明显的效果外，还可以辅助作文细节描写呢！"

"哎呀，细节描写可是我的弱点啊！"万里路一拍脑门。

"细节描写很重要，但又很难。"施大作家分析道，"我读过许多中小学生的作文，不少都平淡无味。大体相近的情节，往往使作品陷入平淡。而让人难以忘怀的，还是那些富有生动细节的作文。可视化图形的恰当运用，可以有效充实作文细节。"

"能再给我们举个例子吗？"万里路感觉有些难理解。

"例如想要写庐山云雾千姿百态的特点，可以用关键词将相关细节标注出来。写笼罩在山头的雾，标注关键词'山头'，比喻成'绒帽'；写缠绕在半山的雾，标注关键词'山腰'，比喻成'玉带'；写弥漫山谷的雾，标注关键词'山谷'，比喻成'大海'；写遮挡山峰的雾，标注关键词'山峰'，比喻成'天幕'。这些细节在鱼骨图上一目了然，能帮助捕捉细节'灵光'，为后续下笔成文做好充分准备。"不到一分钟时间，施大作家笔下出现了一条"鱼"。

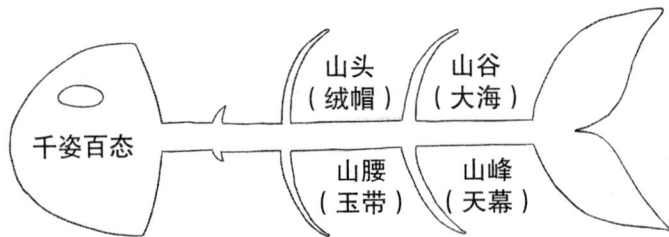

"嘿，这鱼就像活了一样，它一定要游到我的作文里。"万里路笑着说。

"当然，好的作文还离不开修改。可是按什么标准改呢？有个老师就设计了一只作文'修改龙'给学生们参考。你们想不想看看？"

"想——"施大作家话音刚落下，兄妹俩就异口同声地应道。

"学生们每次写完作文，和聪明可爱的'修改龙'见个面，改起作文定会有法又有趣。"

施大作家边说边画，片刻时间，一只"怪兽"跃然纸上。

开头是否吸引人　选材恰当吗　有真情实感吗　精彩词句多吗　有错别字吗　语句通顺吗　标点正确吗　结尾精彩吗

"哇，真是生动形象呢！"万里路拍手叫好。

"画得不好，方便使用就行。"施大作家笑了笑，"关于可视化图形的更多奥秘，欢迎参阅'记忆之父'东尼·博赞的图书噢！"

24. 图有千言和万语

——如何写看图作文

"这幅画画的是一场小足球赛。你们能看图说话吗？"施大作家笑着说。

"可以啊，"万里路胸有成竹，"我来说说守门员。看那个留平头的小守门员，他警惕地注视着前方，膝盖磕破了也毫不在意。他戴着手套，分腿弯腰，上身前倾，就像个真正的守门员。守门员后边站着个腆着肚子的小男孩。他好像是替补队员，一

心想着快点儿上场，好显一显身手，扑住几个险球。"

"我来说观众。"万卷书绘声绘色地讲起，"那个抱着洋娃娃的小女孩跟别人不大一样，腰挺得直直地，脸上没有什么表情，好像谁胜谁负都跟她不相干。旁边的那个戴风雪帽的小男孩却显得挺紧张，也许是头一回看到这样激烈的球赛。"

"讲得好，今天我们要讲的就是看图作文。低年级考试，看图作文很多，到了中高年级，考试中依然也会涉及。我建议作文基础比较差的学生，多进行看图作文训练，以提升作文的'场面感'。"施大作家说。

"看图作文的写作诀窍是什么？"万里路问。

"写看图作文的关键是要按一定的顺序展开合理而丰富的想象，把图上的内容具体生动地写下来。"施大作家一语道破，"这样吧，我们一起来欣赏一篇四年级学生写的看图作文。"

一篇题为《自大与自卑》的作文，赫然呈现在万氏兄妹眼前。

拉拉和花花是一对双胞胎，也是亲密无间的好朋友。它们个头相似，本领相当，整天在一起玩耍，形影不离。可这一天，为了争谁更厉害，昔日的两位好朋友吵了起来。

"我昨天帮主人捉到了一只正在偷吃粮食的大老鼠！"拉拉得意地说。"哼！这有什么了不起！"花花瞟了它一眼，"我昨天还帮主人把掉到马桶里的钱包捡回来了呢！""我威猛！""我厉害！"……就这样，它们争来吵去，互不相让。

分开后，拉拉和花花都想照照镜子，看看镜子中的自己到底是怎样一番模样，以便验证自己的"判断"，于是就各奔东西。拉拉跑到了东城的镜子店，花花则跑到了西城的镜子店。

　　拉拉来到了一面凹镜前，看到镜子里的自己是那样的庞大、高贵：身子又高又壮，一双铜铃般的大眼睛又黑又亮，两

只耳朵像大蒲扇似的，四条腿粗得如木桩一般，一条扫把似的尾巴又粗又长，一阵风吹过，身上的毛随风飘动，好不威风！拉拉见了，自言自语："没想到，我竟然有这么强壮的身姿，恐怕连天下第一的大力士也不如我了！我这体态一定可以打破吉尼斯世界纪录！现在，我就是'狗中之王'了！哈哈哈，哈哈哈……"拉拉笑着走出了镜子店。

此时的花花正在西城的一家镜子店中，它来到了一面凸镜前，只见镜子里的自己又矮又小，一双小眼睛只有米粒般大小，尾巴如毛线那样细，四条腿简直就是四根火柴棒，整个身子还没有巴掌那么大，仿佛风儿轻轻吹过，就会被吹得无影无踪。"天啊！我……我竟然才……才这么一点点大啊！"花花看着镜子中的自己，不禁打了一个寒战。原来的那一股傲气一下子飞到了九霄云外。

俗话说得好："无巧不成书。"拉拉和花花呢，也真是"不是冤家不聚头"啊！

花花刚刚才从西城的镜子店走出来，便遇到了拉拉。只见拉拉嘴里叼着一根烟，大摇大摆地走了过来。花花看见了拉拉和以前大不相同，是那样的高大，那样的威猛！再想想自己那弱不禁风的样子，便灰溜溜地走开了。

凹镜、凸镜照出的是"歪曲"了的形象，并不是我们的本质。生活中，我们不能自大，也不能自卑。正确看待自己，我们才能自信、自立、自强。

"你们说说看，这篇文章好在哪里？"施大作家问。

"我觉得小作者的想象力真是太丰富了。"万里路回答，"'我昨天帮主人捉到了一只正在偷吃粮食的大老鼠''我昨天还帮主人把掉到马桶里的钱包捡回来了呢'等句子，都体现了想象的丰富。"

"我感觉作者的描写细腻生动。"万卷书善于关注细节，"比如'两只耳朵像大蒲扇似的，四条腿粗得如桩一般，一条扫把似的尾巴又粗又长'等描写外形的句子，非常生动。"

"当然，这只是看图作文的一种常见形式——'就图写图'。还有另外一种难度更大的形式，一般出现在小学高年级甚至中考、高考试卷中，我把它称为'主题拓展'。"施大作家边说边翻出了一幅图。

"你们看，像这样'漫画式'的看图作文，最重要的是从图中提炼出某个主题，然后结合身边的事例展开阐述。比如，这幅图就可以从'环保'或者'文明'的主题展开写作。"施大作家介绍道。

　　"这种作文，对图上的具体内容可能就是几笔带过。图只是告诉我们话题是什么，提示我们围绕这个话题展开写作，有点像话题作文。"万卷书心得颇多。

　　"正是，作文本来就是有很多融通的地方，用心揣摩，你们的收获会更大！"施大作家满意地笑了。

25. 人如其面各不同
——如何写写人作文

"真是破天荒了，老师居然让我们回家准备考试作文！"万里路边进门边嚷嚷起来。

"嘿，那不正好吗？刚好可以多些时间准备。"施大作家把头从书堆里抬了起来。

"可……可是，没思路，给我再多时间也没用啊！"万里路结巴着说道。

"作文要求是什么呀？"施大作家问。

"选择一个人，把他的特点写具体。"万里路回答。

"写够三五百字谁都会，但要写得精彩就不容易了！"万卷书赶紧也凑了上来。

"书是最好的老师。"施大作家点拨道，"想想看，哪本书中的哪个人物给你留下的印象最深？为什么？"

"我喜欢《淘气包马小跳》中的马小跳，他很淘气。"万里路说。

寻找考试王国（学习提高篇）

　　"我喜欢《草房子》中的桑桑，我觉得他很勇敢。"万卷书回答。

　　施大作家点点头，问："有没有想过，为什么这些人物会给你留下如此深刻的印象呢？"

　　"因为这些人物都很有特点。"

　　"因为他们都很有个性。"

　　"你们是怎么感受到人物的特点和个性的？"听了兄妹俩的回答，施大作家追问。

　　"从他做的事情中感受到的。"万里路不假思索地回答。

　　"很好！"施大作家说，"这正是作家的高明之处，通过典型而具体的事例来塑造人物。可以说，'典型事例'和'细节描写'，正是你写好这篇人物作文的关键。"

"什么样的事例才能叫'典型事例'呢？"

"所谓'典型事例'，就是说所举的例子要有代表性。"施大作家停顿了片刻，"这样吧，举个例子你们就懂了。比如要体现王叔叔记忆力超群的特点，有四个事例可以选择。第一个，他读了一遍故事书，就把书中所有的细节都记下了。第二个，他记住了我昨天说过的一句话。第三个，他竟然能记住我的生日。第四个，那幅地图他只看了一遍，就能一点儿不差地画下来。以上四个事例，你们会选择哪一个或者哪几个？"

"我会选择第一个和第四个。"万卷书听得很仔细。

"为什么不选另外两个呢？"万里路有点好奇。

"记住一句话和别人的生日，都不是特别难，怎么能叫记忆力超群呢？"

"万卷书说得没错。就像这样，选好了典型事例之后，就要考虑如何进行具体描写了。我给你们看一段话吧。"施大作家边说边打开书，指读起文章《"足球之王"贝利》中的一段话。

1961年的一个夏夜，贝利所在的桑托斯队与劲旅弗鲁米恩塞队交锋。比赛进行得紧张而又激烈。这时，贝利得到同伴一个落点极好的传球后，右盘左旋，用假动作绕过对方三名防守队员。当对方第四人上来抢截时，贝利巧妙地把球一捅，球恰好从对方两脚间穿过。贝利一个跨跳越过第四名对手，球又控制在他的脚下。接着，他带球绕过冲过来拦截的第五、第六个对手。对方第七个队员一见，大喊一声："不好！"飞身凶狠地朝他的脚下铲来，谁知贝利像跳芭蕾舞那样轻松一跳，又迅速地越了过去。随后，他突然来了个急刹车，再大步带球冲向对方球门，用他那高超的带球过人技术，迫使对方第八和第九个来抢截的后卫扑空。此时贝利已把球带入对方禁区，形成了与守门员一对一的有利局面。守门员慌了手脚，飞身前来扑救。贝利准备起脚，哪知这是虚晃一招，把后甩的右脚又赶紧收住，把球向上一挑，一晃身子，盘过守门员，把球轻松送进球门，全场顿时欢声雷动。

选自教科版小学语文教材六年级下册《"足球之王"贝利》

"知道这段话写得好在哪里吗？"

"我感觉这段话很有'镜头感'。带球、捅球、射门，一个个镜头，让我领略到了'球王'的高超球技。而且，作者对人物动作的描写特别到位。"万卷书回答施大作家的问题。

"没有对比就没有伤害。一个人水平高不高，主要是看他的对手是怎样的人。"万里路嬉笑着。

"你们都讲得不错！"施大作家满口称赞，"所以，在描写事例的时候，除了写'主角表现'，还要写'他人反应'。这里的'他人'，可以是比赛的对手，也可以是欣赏的观众，等等。"

"我明白了，我就写班上的画画高手何禾。"万里路灵感来袭，转身回房间写片段去了。不到二十分钟的时间，精彩片段隆重推出。

那一次上美术课，老师要求我们画一个舞蹈动作，这可把我们难倒了。同学们有的埋头苦思，有的画了几笔又擦掉了，还有的干脆坐着发呆……可我一看何禾，咦，她却是一脸的轻松。笔尖在纸上跳来跳去，一会儿这里勾勾，一会儿那里描描，一会儿工笔细刻，一会儿挥笔速写，没过多久，一个穿着舞裙的小女孩就跃然纸上。那小女孩神态优雅，简直跟真人一样。我静静地看了一会儿，好像纸上的小女孩动了起来，在我面前跳起了优美的舞蹈。"完成了吧？"我情不自禁地问。"还没呢！"何禾一边回答一边认真地给画涂上颜色。画中的小女孩穿着粉色的裙子，就像一只翩翩起舞的蝴蝶。"真像！""真是小画家呀！"看完她的画，同学们不由自主地赞叹。

"嘿，写得还真是不错！"施大作家连声表扬，"不仅事例典型，镜头感也十足；不仅具体描写了'主角表现'，还通过'他人反应'进行衬托。再写一个事例，补个开头结尾，加一个好题目，不就大功告成了吗？"

"耶！明天考试不怕啦！"万里路一蹦三尺高。

26. 文似看山喜不平

——如何写记事作文

薄薄的晨雾像纱一样笼罩着校园，教学楼若隐若现，隐没在淡淡的晨雾中。

"半期考刚结束，学校四年级的刘老师请我看看他们班学生的考试作文，好提些教学建议。你们也参与一下吧！"施大作家带着兄妹俩走进了一所学校的办公室。

"太好啦！"一听到可以审阅别人的作文，兄妹俩兴奋起来。要知道，长这么大，从来都是别人给自己的作文评分哩！

"这次考的是写事作文，主题是'我和书的故事'。这里有两篇，你们先看看。"年轻的刘老师递过作文。

第一篇比较短，估计是个"写作困难户"写的。全文如下：

有句名言说："书籍是人类进步的阶梯。"这不，我又开始看我最爱看的《一千零一夜》了。

你想知道我和书的不解之缘吗？那就听我一一道来。有一天，我和以前一样去学校，一到教室，看见副班长在发书。我

走近一看，才知道发的是《一千零一夜》。我翻开书一看，一下就被里面的精彩内容给迷住了，下课时一直在看，直到还书的时候才依依不舍地还回去。从此以后，我每天来学校都要借这本书，可是至今还没看完。

书是我的伙伴，是我的良师益友。

第二篇作文字迹娟秀，应该是一个女生写的。全文如下：

哈哈，想起和书的故事，我觉得太有趣了！别急，我这就讲给你听——"猫捉老鼠"。

我其实一点也不喜欢作文书，喜欢看其他的课外书，可爸爸总是不让我读。没办法，我只好策划第一战"小心之战"！

嘘，千万不要出声，不然就被"大猫"捉到了。"吱——"我打开神秘的卫生间大门，"嗖"地一声飞溜而进。耶！第一步成功了！正当我美滋滋地看着书时，传来一阵熟悉的声音："哈哈，你呀，太小儿科了，这个地方早被我包围了！"啊，被老爸发现了！我只好开起第二战。

第二战，"溜战"！哈哈哈，这下我赢定了。你知道吗？我可是溜到我的书房里来了。可是，"大猫"从天而降，我被捉了个正着。看来，只好开起"大口战"了。

"大口战"嘛，就是"口水战"啦！我这下可是光明正大的了。看，我和老爸面对面坐在沙发上。"大猫"先开口了："小鼠妹呀，不是我不让你吃'雪糕'，而是这对身体不好，我觉得'米饭'对你的健康有好处呀！"我摇摇头说："是的，但是如果一直没有'课外小雪糕'吃，那我就少了课外知识的营养了……"就这样，你一言我一语，口才不分上下。最后，"大猫"说："好吧，就让你看课外书，不过，你要答应我一件事！"我一听来了精神，忙说："什么事，直说啦！""只能做完作业再看！"我面露喜色，爽快地答应了。

耶！终于可以看课外书了！这是我上二年级时的事，是美好时光的一个有趣之角。哈哈哈，我再次迎着太阳笑开了花！

"施大作家，您能点评一下这两篇作文吗？"刘老师说。

"四年级能写成这样，总体还是可以，但是仍然有很大的进步空间。"施大作家讲得比较委婉，"第一篇显然需要在'具体生动'上下功夫。同学们是怎么抢书的？抢到书时的心情如何？被书里的哪些精彩内容给迷住了？下课时是怎样专心致志阅读的？之后借阅这本书时是否发生了什么难忘的事？小作者说了什么，别人怎么说，动作如何，神态怎样，心里怎么想……如果小作者把这些补充进去，相信作文就会好多了。"

"您说得对，写事作文最重要的就是要把细节写得具体生动。"刘老师点点头，"另外一篇呢？"

"第二篇，小作者善于通过描写人物的语言、动作、神态、心理来'还原现场'，让读者有身临其境之感，基本做到了具体生动。尤其难得的是，还巧妙地把自己为了读课外书和老爸斗智斗勇的经历说成是'猫捉老鼠'，读来趣味横生，童趣天真跃然纸上，有些儿童文学的味道。写事，就是要这样引人入胜。"

"难道没有不足的地方吗？"刘老师追问。

"金无足赤，人无完人，更何况是小学生的作文，肯定有不足之处。"施大作家说，"文似看山喜不平。一般而言，叙事文的情节要有层层推进、引人入胜的安排。这篇作文的主要情节是三战：'小心之战''溜战''大口战'。然而'溜战'显得过于单薄，没有做到具体生动，显得'戏份不足'。另外，'大口战'部分，小作者写了'就这样，你一言我一语，口才不分上下'，但是只呈现一次对话，显然不够。建议将人物语言分段展开，便于读者理解，也能形成一个'小高潮'，让人读时有渐入佳境之感。"

"您的点评真是让我获益匪浅，我会在班上好好讲评的。在考试当中，写事作文所占的比例很高，希望学生们能从这次半期考作文当中总结一些经验，提高自己的作文水平。"刘老师的感激之情溢于言表。

"歌德曾经说过：'一个人只要能把一件事说得很清楚，他也就能把许多事都说得清楚了。'建议您在讲评之后，让孩子们重写或者修改这篇作文。这样，他们的感触可能会更深。"

说罢，施大作家带着万氏兄妹与刘老师告别，离开了学校。

27. 一切景语皆情语

——如何写写景作文

"向一位没有去过你学校的朋友介绍你的学校。你的介绍应该按一定的'景点'顺序，并且突出每个'景点'的特色，这样朋友读你的文章时，就能想象出你到底在怎样的一所学校里学习、生活。"老师让大家练习下这道作文题，以迎接明天的考试。

万里路拖着沉重的步子回到家，一副无精打采的样子。

"怎么啦？"施大作家亲切地问。

"老师布置了一篇写景作文，我不知道从何处下手。"万里路摆出一张苦瓜脸。

"这还不简单？读几篇写景的美文，揣摩一下写法不就好了。再说了，校园可是你最熟悉的地方，写起来那简直是易如反掌嘛！"施大作家说。

"那请您给我推荐一篇参考参考吧！"万里路赶紧求助。

"来，就这一篇吧！"施大作家随手就翻开了课文《颐和园》。

北京的颐和园是个美丽的大公园。

进了颐和园的大门，绕过大殿，就来到有名的长廊。绿漆的柱子，红漆的栏杆，一眼望不到头。这条长廊有700多米长，分成273间。每一间的横槛上都有五彩的画，画着人物、花草、风景，几千幅画没有哪两幅是相同的。长廊两旁栽满了花木，这一种花还没谢，那一种花又开了。微风从左边的昆明湖上吹来，使人神清气爽。

走完长廊，就来到了万寿山脚下。抬头一看，一座八角宝塔形的三层建筑耸立在半山腰上，黄色的琉璃瓦闪闪发光。那就是佛香阁。下面的一排排金碧辉煌的宫殿，就是排云殿。

登上万寿山，站在佛香阁的前面向下望，颐和园的景色大半收在眼底。葱郁的树丛，掩映着黄的绿的琉璃瓦屋顶和朱红的宫墙。正前面，昆明湖静得像一面镜子，绿得像一块碧玉。游船、画舫在湖面慢慢地滑过，几乎不留一点儿痕迹。向东远眺，隐隐约约可以望见几座古老的城楼和城里的白塔。

从万寿山下来，就是昆明湖。昆明湖围着长长的堤岸，堤上有好几座式样不同的石桥，两岸栽着数不清的倒垂的杨柳。湖中心有个小岛，远远望去，岛上一片葱绿，树丛中露出宫殿的一角。游人走过长长的石桥，就可以去小岛上玩。这座石桥有十七个桥洞，叫十七孔桥。桥栏杆上有上百根石柱，柱子上都雕刻着小狮子。这么多的狮子，姿态不一，没有哪两只是相同的。

颐和园到处有美丽的景色，说也说不尽，希望你有机会去细细游赏。

选自人教版小学语文四年级下册《颐和园》，人民教育出版社，作者袁鹰

"这……这不是四年级的课文吗？我都六年级了，学这个，会不会太小看我了。"万里路有点不情愿。

"嘿，你还小瞧别人的文章了。虽然这是四年级的课文，但

此文几乎包含了写景文所有的写作方法呢！"施大作家说。

"啊，那请您快快透露一些。"

面对万里路渴求的眼神，施大作家打开了话匣子："这篇文章按'总—分—总'的结构，先总写对颐和园的整体印象，然后按照游览的顺序，分别描写了长廊、佛香阁、排云殿、万寿山、昆明湖的景物，最后总结全文，表达了对颐和园的赞美之情。"

"我明白了，就是要先分出几个'景点'来，然后按照参观的顺序逐个写。"万里路若有所悟。

"正是，很多写景文都是这样写的。"施大作家表示赞同，"比如叶圣陶的《记金华的双龙洞》，就是按照'路上—洞口—外洞—孔隙—内洞—出洞'的顺序来写的。"

"那我写学校，就按照'大门—花圃—操场—教室—功能厅'这样的顺序来写，可以吗？"

"当然可以啦。"施大作家说，"不过这只是安排好了作文的顺序，接下来，就要把每个'景点'展开来写。"

"花圃、教室和多功能厅倒是挺好写的，可是这大门和操场该怎么写呢？"万里路拼命摸着额头。

"别小看大门，虽然它就是一道门，但是可写的还真不少哩。"施大作家作了点拨，"大门是用什么材料做的？有多高、多宽？由几扇门组成？款式如何？校门口是否有校牌？校牌大概有多宽、多长？上面是用什么字体书写的校名？这些字大概有多大？当你从校门口经过的时候，是什么感觉？……等你把这些问题都回答出来并写下来，估计都超过半页了吧！"

"嗯……说得也是。"万里路似乎开了窍，"那操场呢？就写它多长、多宽，上面有哪些设施吗？"

"除了写设施之外，还应该写写你们的活动。"施大作家提议，"伫立操场，你是否想起了上体育课时的情景？课间活动时，你们最喜欢在操场上做什么？周一早晨在操场上的升旗仪式场面如何？这些都可以写下来。"

"这么说来，还真是不难哩。"万卷书嘴角掠过一丝微笑，"要是考试的时候不是写校园，而是要求写其他地方的景色呢？"

"学习贵在举一反三，要灵活运用刚才的方法噢！"施大作家提醒，"当然，除了按一定的顺序，注意详略安排外，写景文还要注意合理展开想象，恰当运用修辞，让作文美起来！"

"我想起了老舍先生笔下的《草原》。"万里路一边回忆一边说，"'那些小丘的线条是那么柔美，就像只用绿色渲染，不用墨线勾勒的中国画那样，到处翠色欲流，轻轻流入云际。'多么美的比喻啊！"

"不仅可以用比喻，还可以用拟人、排比等修辞手法哩！"施大作家补充道，"但是，不管用哪种方法，最重要的是表达出自己的真情实感，正如大学问家王国维所说的'一切景语皆情语'。"

万里路点了点头，对明天的作文考试充满了信心。

29. 凡物皆有可观处

——如何写状物作文

有人说，这世上唯有爱与美食不可辜负。

为消除旅途的疲劳，三人找到了一家美食店，准备大快朵颐。

"今天咱们就品美食，写美食吧！"施大作家三句不离本行。

"写美食还不简单，把色香味写到位不就大功告成了吗？"万里路眨巴着一双大眼睛。

正说着，万卷书点的过桥米线上桌了。施大作家便示意兄妹俩现场来上几句。

"嘿，这过桥米线色泽鲜艳，配料丰富，看了就让人垂涎欲滴。"万里路说。

"概括能力很强嘛。"施大作家点评，"不过，描写美食的外观，最好能再细致些，给人更强的画面感。"

"雪白的米线被鸡汤漫过，碧绿的青菜，红红的火腿，切花

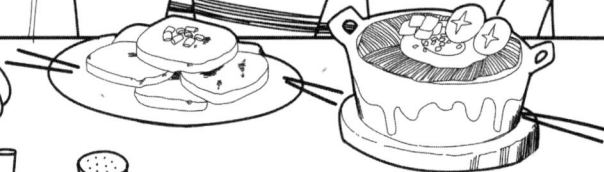

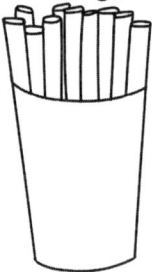

的香菇，切片的虾丸，星星点点的枸杞和葱段点缀其间，装在精致的砂锅里，不仅是一道色、香、味俱全的美味小吃，更是一件精美的艺术品。"

"不仅逐样说了食材如何，还顺带描述了装美食的砂锅，说得相当到位啊！"施大作家对万卷书的描述十分认可，"当然，对于写美食类的作文，外观并不是最难写的，最难写的是品尝的过程。"

说话的间隙，万里路钟爱的臭豆腐也上桌了，万卷书赶忙捂住口鼻。唉，没办法，这种食物，有人爱到灵魂里，有人恨到骨子里。

万里路早就顾不了那么多了，拿起筷子吃了起来，那陶醉的样子，真是引人注目啊！不一会儿，一盘臭豆腐就被吃了个精光。

"过桥米线你没感觉，写不好很正常。这喜欢的臭豆腐写起来，应该没问题吧？"施大作家笑着问万里路。

"当然。"万里路舔了舔嘴角，"臭豆腐还没到嘴边，一股独特的气味便迎面而来。初闻臭气扑鼻，细嗅浓香诱人，顷刻间我所有的味蕾都被调动了起来。迫不及待地把它蘸上辣酱送入口中，一股辣辣的、香香的味道如同一支声势浩大的联合军队暴风骤雨般占领了我的舌尖，游荡在口腔，让一切余味纷纷缴械投降。紧接着，它穿过食管，我感觉到有一个个顽皮的小精灵在脖子中按摩。此刻，什么山珍海味都比不上这个臭豆腐。

'此味只应天上有，人间能得几回尝！'吃着吃着，我好像变成了一位神仙，在味觉的世界里腾云驾雾。即使这时有一个巴掌打过来，我也舍不得吐掉嘴里的美味。"

"古人云'情动而辞发'，你这是'味足而辞发'啊！"施大作家万万没想到，平日里写作一般的万里路，会临场说出这么精彩的语句来。

"我觉得哥哥这段话说得太棒了，"万卷书听得情不自禁放下了筷子，"好像一个个镜头呈现在我们面前，慢慢把我们带入一个境界当中去了。"

"香味飘起来，味道动起来，对比加进来，感受发出来，这些写品尝食物味道的要点全都做到了，能不精彩吗？"施大作家连连称赞。

"我们班有几个同学也是写美食的高手！"万卷书想起了上次写秋游的作文。

"噢？说来听听！"施大作家来了兴趣。

"刘军写李洪洋吃鸡腿特别搞笑。"万卷书边笑边说，"他写李洪洋用舌头吸溜了一下鸡腿上沾着的诱人的汤汁，再一口咬住鸡腿上那块看上去最肥美的肉，紧接着用牙齿狠狠地撕下那块肉，在嘴里大嚼起来，咕咚一下咽了下去。"

"有点夸张，但是蛮有趣味的。味道动起来了！"施大作家说。

"还有王涛写自己吃比萨。"万卷书翻出随身笔记念了起来，

"我将比萨宽的部分捏住，把尖的那头送入嘴里，一口咬下，便拉出一条长长的芝士丝。我用牙齿将那一小块比萨咬碎。刹那间，芝士的奶香，香菇的嫩滑，鸡肉的香酥，菠萝的酸甜，在我的口腔里发生了奇妙的化学反应。香味占领了我的舌尖，我感到了无与伦比的满足。"

"这还不够绝，听听我们班同学的。"万里路也来了兴趣，"方芯晨说夏宏禹有整人的巧克力饼。这巧克力饼里面有黑巧克力，苦到极致；白巧克力，甜到发腻；红巧克力，辣到吐血。几种元素相结合，真是妙不可言！吃过这种饼的人都说，自己的世界观得到了刷新，记忆消失了，味觉已失控。"

"这……这食物也太厉害了吧！"万卷书惊得差点说不出话来。

"哈哈，不是食物厉害，而是方芯晨同学的文笔了得！"施大作家说，"写美食的作文，除了刚才我们谈论的'外观'和'品尝过程'，还可以写什么呢？"

"写制作过程。"

"还可以写美食的来历，或者自己与这种美食之间难忘的故事。"

"如果利用我们学过的写作思维导图，就可以列成这样：开头—外观—品尝—制作—故事—结尾。"施大作家边说边写。

"哇，一篇美食状物文的思路就产生啦！"万卷书拍手称好。

"可是我还有一个问题不太明白。您说过，状物文描写的对象非常广泛，凡是物，不论是动物、植物、物品、建筑物，都可以列入描写的范围。那么，它和写景文比起来到底有啥区别呢？"万里路眉头紧锁。

　　"写景和状物密不可分，所以一般将它们合称为景物描写。但仔细分析，二者仍有区别。景往往指景色风光，物多指具体物品。"

　　施大作家说罢，给自己斟上了一杯美酒。

29. 张开想象的翅膀
——如何写想象作文

新疆吐鲁番的火焰山，寸草不生，飞鸟匿踪。

盛夏时节，红日当空，赤褐色的山体在烈日照射下，砂岩灼灼闪光，炽热的气流翻滚上升，就像烈焰熊熊，火舌撩天，"火焰山"因此得名。

"嘿，这不是《西游记》中'铜脑盖，铁身躯，也要化成汁'的火焰山吗？"还没靠近，万里路顿觉一阵热浪迎面而来。

"正是。"施大作家点点头，"唐三藏取经受阻火焰山，孙悟空三借芭蕉扇，与铁扇公主、牛魔王斗智斗勇，更使得这座山神话色彩浓郁，成为天下奇山。"

"看来神话小说未必都是虚构的，也有一些现实基础啊！"万卷书像是有什么新发现。

"对。"施大作家说，"你们写想象作文也是如此，既要有一定的事实基础，又要有丰富的想象。这样吧，今天我们也模仿《西游记》，写写想象作文。"

"哇，终于可以过一回作家的'瘾'了！"万里路调皮地说。

"先说说《西游记》中哪个故事给你们留下的印象最深吧！"

"我印象最深的是车迟国斗法。"万里路抢先说。

"我喜欢女儿国遇险。"万卷书说，"唐僧、八戒误饮子母河水，腹中有了胎气。悟空取来落胎泉水，医好了师父和师弟。西梁女儿国国王倾慕唐僧一表人才，欲下嫁于他并以国相托。虽然女儿国国王柔情绵绵，但唐僧为了完成取经大业，毅然谢绝了她的一片好意。"

施大作家点了点头说："你们能模仿着写一个故事吗？"

"可以写唐僧师徒又遇到了什么妖精鬼怪，与之斗智斗勇的故事。"万里路说。

"可以写他们又来到了哪个特别的国家，遇到了什么麻烦。"万卷书说。

"假如他们来到'体育国'，国王要求唐僧师徒与自己的臣民比赛，唐僧师徒获胜，才会被放行。你们会如何想象故事情节呢？"施大作家问道。

"可以根据唐僧师徒的特长设计体育比赛项目。"万里路脑子转得飞快，"比如孙悟空参加跑步，猪八戒参加游泳，沙和尚参加举重，唐僧参加马术。"

"哈哈，这个主意不错！我这里有一篇中考满分作文，题目叫《修行并没有结束》，让你们欣赏一下。"施大作家随手翻开了摘抄本。

唐僧师徒四人历尽九九八十一难，终于取回真经，修成正果。回到长安以后，皇帝给他们接风洗尘，顺便论功行赏，没想到却在庆功宴会上发生了争执，因为他们都想要争个头功。

孙悟空急得脸比屁股还红，从耳朵眼里掏出金箍棒，晃一晃长三丈，往地下一戳，急赤白脸地道："俺只问一句，一路降妖捉怪，数谁功劳大？"一副舍我其谁的架势。

猪八戒急忙嚼了几口吞下嘴里的美味，小声嘟囔道："俺老猪冒险探路，没有功劳还没有苦劳吗？再说，你们谁没有吃过我化的斋饭？办事不能不讲良心！"

沙和尚向来不爱多言多语，他走到中间，默默地脱下上衣，展示肩头上厚厚的老茧——事实胜于雄辩。

三个人不约而同地把目光投向了唐僧："师父，你总得说句公道话啊！"

唐僧闭着眼，似乎根本没听见刚才众人的吵闹，只是不停地捻动手里的念珠，过了好久才慢慢说道："徒儿们都不要争了，取经成功都是为师我领导有方啊！"

孙悟空一听，气得从座位上一蹦三丈高，把头上的吊灯碰得直晃。

猪八戒一听，把刚吃到嘴里的美味又吐到地上："我呸！有一只苍蝇……"

沙和尚一听，脸色铁青，把上衣慢慢穿上，坐在那里一言不发。

大厅上一时变得鸦雀无声，四个人你看看我，我看看你，都成了乌眼鸡。只有拴在门前的白龙马不停地打着响鼻，用蹄子使劲刨着地面。宴会仿佛变成了追悼会。

皇帝独自喝干了一杯酒，又独自满上，然后哈哈大笑，摇身一变显出原形，却原来是如来佛祖化身。

"刚才只不过是对你们的一次考验，算是第八十二难。你们面对困难的时候能够同仇敌忾，一往无前，为什么面对这一点小小的荣誉就争成这样？看来修行并没有结束，并且永远不会结束，你们还需努力啊！"说罢，腾空而去。

师徒四人顿时呆在那里，个个羞愧难当。

"高，实在是高！"万里路自叹不如，"在紧张的考场上急中生智，打起了《西游记》的主意，化用名著中的人物故事，用文字烹饪出一道鲜香美味的'大餐'，让读者领略了改编名著的魅力！"

"这篇想象作文，出人意料又在情理之中。对师徒四人的言行刻画，如悟空的急躁、八戒的小心眼、沙僧的木讷等都惟妙惟肖，很好地保持了原著中的人物性格。"万卷书也发表了自己的看法。

"你们说的都很对。"施大作家说，"这篇作文改编《西游记》的故事，来表现'修行并没有结束'的主题，既吸引读者，又影射现代生活，发人深思，引人反省。"

"这么看来，想象绝不是凭空乱想啊！"万里路深有感触。

"大作家秦牧说：'想象是一副能使思维飞翔起来的翅膀。'想象要大胆，这无可非议，但别忘了也要合乎情理，避免胡思乱想。而活用已有的知识和经验，恰恰是确保想象这艘'火箭'不会偏离轨道的关键。"

"我们赶紧走吧，不然都快被热化了！"听了万卷书的提醒，大家才猛然发觉站在火焰山边已经好久了。

30. 与心灵深度对话

——如何写好读后感

"唉，这个周末又要完成一篇读后感！"万里路垂头丧气地回到了家。

"写读后感，是每个学生都不可避免的。不仅老师会把它作为作业布置，考试中也经常出现。"施大作家喝了一口茶。

"书是看了一些，感受嘛，也有一点，就是不知道怎么把它们组合在一起。"万里路直言不讳。

"这其实不难。"施大作家笑笑，"读后感通常包括两个部分——'读'和'感'。可以选择读过的一篇文章或一本书写读后感。写作时，先简单介绍一下文章或书的内容，可以重点介绍那些给你印象最深的内容。接着选择一两个让你感触最深的内容，写出自己的感想，感想要真实、具体。可以联系自己的阅读积累和生活经验，也可以引用原文中的个别语句。"

"您能给个范例参考一下吗？"万里路还是觉得不够明白。

"没问题，我刚在网上看到赛岐小学郭昌源同学写的《读

寻找考试王国（学习提高篇）

151

〈鬼谷学校〉有感》，你和万卷书也读读看吧！"施大作家将手机递了过来。

最近，《鬼谷学校》这部书，就像磁铁一样把我的目光牢牢吸引住了。

《鬼谷学校》是一部寓教于乐的历史幻想小说，讲述的是春秋战国时期极富神秘色彩的传奇人物鬼谷子，他开办了一所集兵法、纵横术、星象术等为一体的学校，名曰"鬼谷学校"。春秋战国群英荟萃，孙膑、庞涓、苏秦、张仪等人物全都成了鬼谷子的学生。一次偶然的机会，小白误打误撞进了鬼谷学校，和他们成为同学，一起经历了许多难忘的事。

我特别欣赏书中每天闻鸡起舞、勤奋好学的孙膑。阅读这本书之前，我总认为自己很勤奋，考试成绩也很优异，在校总是能得到老师的表扬，常常为自己的这些小优点而沾沾自喜，甚至得意忘形。读完这本发人深省的书，一种惭愧之情不禁涌上心头。我在心里默默地发誓：一定要勤奋学习，坚决与电子游戏 say goodbye（说再见），把大部分时间用在课外阅读上，让自己的学业更上一层楼。

书中还有一个智商颇高但嫉妒心很强的庞涓，他总是把智商用在一些歪门邪道上，而且还特别小心眼，事事斤斤计较。同时他也十分自私，做事只考虑自己的感受，不懂得体谅别人。这不禁让我想起四年级的时候，老师让我去办公室帮同学们拿练习册，我身体里的小懒虫又不请自来了，就不由自主地撅起嘴巴。结果这个小动作被老师发现了，她严厉地批评我："你身为班长，应该以身作则，要积极当好老师的小助手，而不是以这种消极的态度来回报同学们对你的信任。"听了老师的话，我羞愧得面红耳赤，意识到了自己的错误，更从中明白：做任何事都要懂得换位思考，多体谅别人，多为别人着想，努力让自己成为一个诚实大度、有担当的小小男子汉。

感谢这部书，感谢它教会了我这么多的知识和道理，使我发现了自己身上的不足。

今后，我一定更加努力学习，做一个正直、谦逊、宽容、善良的人。

"我明白怎么写读后感了。"万卷书悟性颇高，"先概括地说说书的主要内容，然后选择感触最深的一两个事件或人物谈自己的感受。特别要注意的是，感受不能泛泛而谈，一定要结合自己的生活经验，这样才不至于'无病呻吟'。"

"讲得好。"施大作家表示赞同，"写读后感不仅要和书本对话，和作者对话，还要和自己的内心对话，重点写出自己的感悟。现在有不少所谓的读后感，'读'的成分多，整篇都是原书的内容、观点或人物再现；'感'的成分少，没有紧密联系自己的阅读积累和生活经验来写，这是不可取的。"

"嗯，我大概明白了。"万里路紧皱的眉头舒展开来，"我准备写作家孙友田《月光母亲》的读后感，你们有什么好建议吗？"

"这篇写人的散文非常经典。作者回忆了小时候母亲在月光下用歌谣、故事、谜语等对自己进行启蒙教育的事，表达了对母亲养育、启蒙之恩的美好追忆。写的时候，建议你围绕'母爱'这个点展开。"

"就是要联系母亲爱自己的事例来写，对吧？"万里路向施大作家求证。

"对。"施大作家点了点头，"但要注意，母爱的表达方式是很丰富的，不能仅仅就写你生病时母亲如何精心照顾你，还可以从其他角度来写，这样就会更深刻一些。"

"比如说，可以写自己做了什么事，得到母亲的鼓励，然后越做越好；也可以写自己犯了什么错误，得到母亲的批评，下定决心改正错误。"万卷书给出了建议。

"嘿，这不是《'精彩极了'和'糟糕透了'》嘛！"万里路想起了读过的文章。

"不正是这样吗？"施大作家反问道，"就像作者在文章结尾所说的：'精彩极了，糟糕透了……它们像两股风不断地向我吹来。我谨慎地把握住我生活的小船，使它不被哪一股风刮倒。我从心底里知道，精彩极了也好，糟糕透了也好，这两个极端的断言有一个共同的出发点——那就是爱。在爱的鼓舞下，我努力地向前驶去。'"

万里路转身回到书房，郑重地写下了一个题目：世界上最爱我的那个人——读《月光母亲》有感。

31. 文字也是摄像师

——如何写出场面感

为了从紧张的学习中得到放松，三人这天去影院看了电影《寻梦环游记》。

"一个人真正的死亡，不是肉体的消失，而是被世界彻底遗忘。"电影虽然结束了，但这句话却深深地刻在了万里路的心里。

"是啊，在很多人看来，死亡是很可怕的事，它意味着逝者将与生人天涯两隔，永不相见。但是《寻梦环游记》告诉我们，原来爱是可以跨越生死的。"施大作家也被深深触动。

"闭上眼睛，电影中的一幕幕就会浮现，就好像刻在了我们的脑海中一样。"万卷书似乎还沉浸其中。

"好的电影就是这样，不仅能留下经典的语言，那些经典的画面也会定格在我们的脑海中。"施大作家说，"其实，我们写作文也一样。不管是写人、写事、写景，最重要的是，能通过文字的描写给读者呈现一幕幕的场景，让人读罢如看其人，如闻其声，如临其境。"

两天后，万里路和万卷书迎来了半期考。他们牢记施大作家的话，努力将"场面感"融入作文当中。先来看看万里路《考场》中的片段吧！

"考试开始！"老师一声令下，我自信满满地涂起了 ABC。咦！我还真被难住了，"请写出八个带贝字部件的字"，可我绞尽脑汁才写了三个。我紧锁眉头使劲想着……再看看其他同学，他们有的抓耳挠头，有的咬着笔头，有的紧盯着卷子迟迟没动笔……老师似乎看出了我们的焦虑，一句话解了燃眉之急："孩子们，实在想不出来的题先放一放，一边写一边想，或许做完下面的题目之后，会有惊喜的发现哟。"

我茅塞顿开，继续往下写。很快就到课外阅读题了，这可是一块难啃的骨头。嘿，巧了！还真给我碰着了，心中暗自惊喜，老师说的方法真灵！短文中还有好多个带贝字部件的字呢！我立刻填上答案，舒心地笑了。

原作者：福安实小阳泉校区四（6）班　陈彦汐

"考试过程一波三折，人物动作、心理描写得比较生动，让人感同身受。还是挺不错的！"施大作家点评道。

"现在，你们来看看我的这篇《发试卷》吧！"万卷书递上了自己的作文。

黄老师铁青着脸走进了喧闹的教室。同学们一见他手里的试卷，好像有谁在指挥似的，立马闭紧嘴巴，教室里静得连一

根针掉在地上都听得清清楚楚。我的心一下子提到了嗓子眼，屏住呼吸，等着老师公布成绩。我敢断定，这次数学考试成绩一定惨不忍睹。

黄老师重重地把试卷摔在了讲台桌上，随后双手叉腰，叹了口气，开始了他的长篇大论。完了，完了，这次肯定考得很差，该如何面对妈妈的怒火呢？我的心中不由自主奏响了一曲《忐忑》，掌心不断冒汗。这时黄老师的手重重地拍在了考卷上，"啪"的一声，吓得大家大气都不敢出。

黄老师冷冷地瞧了我们一眼，便招招手让组长上去发试卷。我心中的那首《忐忑》立刻换成了《十面埋伏》。教室里的气氛紧张得可怕。一张张雪白的试卷，像调皮的小精灵从我眼前飘过。看着试卷上的一个个大红叉，我的心不禁怦怦乱跳。

"哈哈哈，欧耶！"一阵刺耳的笑声传了过来，只见雷政笑得咧开了嘴，眉毛弯成了两月牙，兴奋得摇头晃脑，搂着宝贝似的卷子，时不时亲吻几口。再看看周围的同学，有的拿着卷子紧皱眉头，嘴角一直弯到了下巴，那架势，好像再多说两句，就要把整张试卷给撕个稀巴烂；有的干脆趴到桌子上抹起了眼泪；而有的瞧着自己的卷子，面无表情，好像世界毁灭了，也不关他的事，又好像被惊人的分数吓呆了……我更加紧张了，心里犹如十五个吊桶打水——七上八下。

这时，一张试卷飘过来，我眼疾手快，抢过卷子用手挡住了分数。我的手微微颤抖着，不要太低，不要太低……我在心中默念了好几声"阿弥陀佛"，又觉得佛祖可能也保佑不了我了。好纠结，好纠结，看看吧，要是分数太可怕怎么办？不看吧，又很好奇，到底考了几分呢？我混乱的脑海中出现了妈妈正唾沫横飞地指责我的场景……豁出去啦！我轻轻地移动了手指，一个半圆出现在了我的视线中。是90多还是80多？我的心如小鹿乱撞，手直打哆嗦。苍天啊，大地啊！万能的佛祖啊！保佑我明天能"活着"上学吧！

我缓缓地移开了覆在考卷上的手掌，立刻又紧紧地闭上了眼睛，我不敢直视我的分数，考得太差怎么办？深深地吸了一口气，我把眼睛睁开了一条缝，只见一个鲜红的"93"出现在我的面前。我心中的那块石头落地了。

苍天还是爱我的！请唱响一首《皆大欢喜》吧！

原作者：福安市韩城一小五（3）班　雷晓虞

"此文开头对班级的紧张气氛进行渲染，瞬间吸引了读者的注意力。重点部分刻画得细腻而传神，点面结合使文章更加生动具体。特别是心理描写，将发试卷看似短暂的瞬间写得让人牵肠挂肚、一波三折，不失为一篇好文章！"施大作家一番评析。

"从《忐忑》到《十面埋伏》再到《皆大欢喜》，这不是发试卷，而是开演唱会啊！"万里路说罢哈哈大笑。

"你也想来一场这样的演唱会吗？"施大作家问道。

"还是不了，我担心嗓子不好，只能唱到第二首歌，那真就玩完了！"

万里路话音刚落，众人笑作一团。

阅读测试卷

学校＿＿＿＿＿ 班级＿＿＿＿＿ 姓名＿＿＿＿＿ 成绩＿＿＿＿＿

一、语文基础（本模块的选择题都是单项选择题，每小题2分，共30分；默写古诗10分。）（40分）

1. 下列哪个字与其他字读音不同？（　　）

A. 清　　　B. 静　　　C. 青　　　　D. 轻

2. 下列词语中，有别字的是哪一项？（　　）

A. 维持　　B. 宵夜　　C. 渡过童年　D. 迷惑不解

3. "绡"与下列哪个字的读音相同？（　　）

A. 绢　　　B. 漂　　　C. 消　　　　D. 骨

4. "编纂"的"纂"与下列哪个字的意思有关？（　　）

A. 算　　　B. 丝　　　C. 竹　　　　D. 目

5. 一天，张华同学读到一副对联："勤靡余劳　心有常闲"。他不知道"靡"在这里是什么意思，你能否根据对联的"对偶"规律，猜出这个字的意思是什么？（　　）

A. 麻　　　B. 无　　　C. 非常　　　D. 散乱倒下

6. 哪一个词语和"责怪"的意思最接近？（　　）

A. 负责　　B. 责备　　C. 责任　　　D. 职责

7. 哪一个成语填入下列句中最恰当？（　　）

每一次参加语文老师组织的读书活动，我们都_____。

A. 不容置疑　　　　B. 应接不暇

C. 恍然大悟　　　　D. 受益匪浅

8. 下列哪一个句子的表达是完整的？（　　）

A. 我们写作业都很认真。

B. 看完动画片，她开心地。

C. 今天，穿了一件新衣服和裤子。

D. 通过观察，发现蝴蝶爱花的秘密。

9. 将下列两个句子合并为一句话，正确的是哪一句？（　　）

王老师唱歌很动听。王老师跳舞很美妙。

A. 王老师唱歌，跳舞。

B. 王老师唱歌很动听，很美妙。

C. 王老师唱歌很动听，跳舞也很美妙。

D. 王老师因为唱歌很动听，所以跳舞很美妙。

10. 哪一对关联词填入下列句中最恰当？（　　）

我发现一个奇特的现象，_____出太阳，_____下雨，就有可能出现彩虹。

A. 一边……一边……　　　B. 即使……也……

C. 无论……都……　　　　D. 之所以……是因为……

11. 下列对句子主要意思的概括，正确的是哪一项？（　　）

不期然，它们（两只青鸟）嗖地飞起，一前一后，平展了双翅，斜斜地绕过屋顶，互应一声，转个圈，飞向远方。

A. 它们不期然地。

B. 它们平展双翅。

C. 它们绕过屋顶。

D. 它们飞向远方。

12. 下面一段文字的主要内容是什么？（　　）

这么漂亮的房屋是用什么材料建造的呢？它们是用各种各样的塑料，轻质、高强度的钢丝，玻璃纤维和轻金属建造的。而房屋的主体结构材料则是用"新世纪混凝土"轧制成的。"新世纪混凝土"的强度比钢材还要坚硬，重量却比木材还要轻。

（节选自《未来的房屋》）

A. 未来房屋的漂亮外观。

B. 未来房屋的建造材料。

C. 未来房屋的建造过程。

D. 未来房屋的内部构造。

13. 将下列句子插入语段中的哪个位置最恰当？（　　）

一个叫布希曼的音乐家路过，被这奇妙的声音吸引住了。

① 1821 年的一天，德国有个农家女孩拿着妈妈的木梳在家门口玩耍。② 玩腻了，她想出个新花样：找来两张纸片，一上一下贴在木梳上，把它放在唇边，谁知竟呜哩呜哩吹出声了。③ 他仔细观看了女孩的"杰作"。④ 回家后，他综合女孩的木梳、中国古筝和罗马笛的发音原理，制成了第一支口琴。

A.①之前　B.①、②之间　C.②、③之间　D.③、④之间

14.下列选项对语句的理解，最恰当的是哪一项？（　　）

2015年3月，斯坦福大学的科学家披露了一种或许能使恶性白血病细胞变成无害的免疫细胞【即巨噬（读 shì，咬的意思）细胞】的方法。这一发现可能指引人类将癌细胞变成巨噬细胞，之后巨噬细胞可以吞噬和消灭癌细胞与病原体。

A. 人类将一定治愈癌症。

B. 人类治愈癌症将变为可能。

C. 科学家发现了治愈癌症的方法。

D. 科学家发明了治愈癌症的细胞。

15.将下列诗句填入句中，最恰当的一句是哪一句？（　　）

在语文综合性学习课上，老师带领我们探究"汉字的奥秘"，真有一种"＿＿＿＿＿＿"的感觉，倍儿爽！

A. 飞流直下三千尺，疑是银河落九天。

B. 劝君更尽一杯酒，西出阳关无故人。

C. 山重水复疑无路，柳暗花明又一村。

D. 春色满园关不住，一枝红杏出墙来。

16.默写杨万里的《小池》（要注明诗人的朝代）。（10分）

_____

_____

_____

_____

二、阅读（本模块的选择题都为单项选择题，每小题 2 分，共 14 分；简答题每小题 4 分，共 16 分。）（30 分）

（一）阅读《鹿树》，完成 17-25 题。

鹿　树

王宜振

一只鹿在原野上跑，树根叫住了它。

树根说："鹿小弟，我原来是一棵树。树被伐走了，只剩下根留在这里。可是，树给一只小鸟许过愿，答应它明年春天来了，在树上做窝下蛋孵娃娃。可是，树没有了……"树根说着，伤心地流下了眼泪。

鹿说："小鸟什么时候回来呢？"

树根说："也许就在明天，也许就在后天。"

鹿说："放心吧，我一定会帮你的。"

鹿回到家，把自己精心装扮一番。哈哈，它完全变成了一棵树的模样。它那枝丫般的鹿角上长着一些树叶儿，风儿一吹，树叶儿沙沙作响，像在唱一首美妙的歌。枝丫间，还开着几朵小红花，远远望去，像绿叶间跳动的几簇红火焰，真美丽。

小鹿装扮好了，在镜子里照来照去，它感到很满意。第二天，它向那个树根走去。小蜜蜂看见这棵会跑的树，笑着说："你的花朵多香呀，我要在你的花朵里采蜜呢。"

小鹿说："采吧，采吧，反正我是一棵树。"

一只梅花雀看见了，追着这棵会跑的树乐呵呵地说："你的枝丫多漂亮呀，我要在你的枝丫间做窝下蛋孵娃娃呢。"

小鹿说："我已经答应另一只鸟儿，它答应今天或者明天回来。"

"你不是有好几根枝丫吗？我就在你旁边的这根枝丫做窝好吗？"梅花雀请求道。

"好吧，好吧，反正树上还有三根枝丫呢。"

一会儿，又有一只小黄雀飞来了。它看这棵会跑的树，惊奇地说："多美呀！我要能在你的枝丫间做窝下蛋孵娃娃该多好啊！"

小鹿说："我已经答应梅花雀和一只今天或者明天从南方飞来的鸟儿了。"

"可是，它们只占两根枝丫呀，你还有两根枝丫哩。"

"好吧，好吧，反正树上还剩一根枝丫呢。"

一会儿，又有一只小杜鹃飞来了。它看见这棵会跑的树，高兴地说："真漂亮。你的那些枝丫能让我做窝下蛋孵娃娃吗？"

"可我已经只剩下一根枝丫了。"

"这根枝丫能不能留给我呢？"

"好吧，好吧，谁叫我是一棵树呢。树嘛，就是要住鸟儿的呀。"

还有一些鸟儿要来，小鹿只好拒绝了。

小鹿来到树根那里，树根惊奇地说："多美的一棵树呀！"

小鹿等呀，等呀，还不见那只小鸟回来。

梅花雀、小黄雀，还有小杜鹃已经在选好的枝丫间开始做窝了。那只小鸟还不见回来。

突然，空中响起"嘀哩哩、嘀哩哩"的鸟叫声。一只红嘴巴小鸟飞来了。它在空中盘旋了一会儿，就落在小鹿的一根枝丫上。

小鸟问："你是我的好朋友——那棵大树吗？"

小鹿说："是呀。才过了几个月，你就不认识老朋友啦？"

"可我的朋友又高又大呀。你，你怎么这样矮小呢？"

"是那个老巫婆给我施了魔法，我才变得又矮又小呢。"

"噢，原来是这样。那个可恶的老巫婆，真是坏透了！"

突然，小鸟眼睛一亮，看见枝丫间开着几朵小红花。也许是小红花那亮丽的光彩，点燃了小鸟那明亮的眼睛，小鸟惊奇地叫起来："我的老朋友是一棵不会开花的树，可你的枝丫间怎么会开出花朵呢？"

"是那个老巫婆给我施了魔法，我就变成一棵会开花的树啦。"

"噢，原来是这样。那个可恶的老巫婆，鬼点子真多。"

小鹿编了一大套谎言，它真感到有点儿好笑。它差点儿忍不住笑出声来。它高兴地在地上转了三个圆圈。

"我的老朋友是一棵不会走路的树，你怎么会走起路来了呢？"

"是那个老巫婆给我施了魔法，我就变成一棵会走路的树啦。"

"噢，原来是这样。那个可恶的老巫婆，花样真多。"

"是那个老巫婆，使我变成了这个样子。真对不起，差点儿让老朋友认不出来了。"

小鸟起初觉得它的老朋友变成这个样子有点儿怪，可现在觉得这个样子挺滑稽，挺可爱。它决定在这棵树的枝丫间做窝下蛋孵娃娃啦。它看见这棵树的三根枝丫间已经有鸟儿在做窝，就问："老朋友，这儿已经有三只鸟儿做窝了，还有我的地方吗？"

"当然有。这是我去年答应你的呀。"

于是，梅花雀、小黄雀，还有小杜鹃和这只鸟儿，一起在鹿的枝丫间做窝下蛋孵娃娃。过了一些日子，鸟娃娃孵出来了，大鸟和小鸟一起唱歌，真快活。

小鹿走到哪里，哪里都会投来美慕的目光。大伙儿说："多有趣儿呀，一棵会跑会跳会唱歌的树。"

选自《千纸鹤：语文四年级上册同步阅读》，人民教育出版社，2004 年

17.树答应谁来年在它身上做窝下蛋孵娃娃？（   ）（2分）

A.梅花雀　　B.小黄雀　　C.小杜鹃　　D.红嘴巴鸟

18.是谁最先发现小鹿变成一棵会跑的树的？（   ）（2分）

A.树根　　B.小鸟　　C.小蜜蜂　　D.梅花雀

19. 红嘴巴小鸟为什么在空中盘旋而一时间找不到它的"好朋友"？（　　）（2分）

　　A. 小鹿装扮的树矮小了。

　　B. 小鹿装扮的树会开花。

　　C. 小鹿装扮的树会走路。

　　D. 小鹿装扮的树会唱歌。

20. 下列是故事前半部分的情节发展顺序，"小鹿把自己装扮成树"发生在哪个情节点上？（　　）（2分）

①小鹿答应树根的请求。→②小鹿答应小蜜蜂采蜜。→③小鹿答应梅花雀、小黄雀、做小杜鹃窝。→④小鹿回到树根那里等。

　　A. 在①之前　　　　B. ①→②之间

　　C. ②→③之间　　　D. ③→④之间

21. "枝丫间，还开着几朵小红花，远远望去，像绿叶间跳动的几簇红火焰，真美丽。"作者在这里写"红火焰"在表达情意方面有什么作用？（　　）（2分）

　　A. 更能表达作者了解红火焰

　　B. 更能表达读者熟悉红火焰

　　C. 更能表达小红花的鲜艳热情

　　D. 更能表达红火焰的光彩照人

22. 用自己的话简练概括第25自然段（"突然，空中响起……"）到第30自然段（"噢，原来是这样……真是坏透

了！”）这一个情节的内容。（4分）

_____

_____

_____

_____

23. 作者在创作故事时，采用“反复”的表现手法，但是，在反复中又有“变化”，真有意思。请举一个例子说明。（4分）

_____

_____

_____

_____

24. 树根、小鹿这两个人物，你更喜欢谁？根据文本说明理由。（4分）

_____

_____

_____

_____

25. 有读者发现，故事结局一个重要的角色“树根”不见了，应该补上。请你根据故事情节展开想象，在故事的结局处给“树根”补一个情节。（4分）

_____

_____

_____

_____

_____

_____

（二）阅读下列三个材料，完成 26-29 题（其中第 29 题为小习作）。（4 分，不含第 28、29 题）

材料 1：厦门市某校四（1）班语文学科林老师牙病复发，牙髓发炎、牙龈肿痛。

材料 2：林老师周四—周五（2020 年 11 月 26 日—11 月 27 日）任课时间表。

节次	周四	周五
上午		
第一节		语文
第二节	语文	
第三节	语文	
第四节		品德与社会
下午		
第五节		
第六节		
第七节		阅读社团活动

材料 3：厦门大学附属第一医院口腔科专家门诊时间表（2020 年 11 月 26 日—11 月 27 日）。

医生姓名	擅长	时段	……	11月26日	11月27日
张春波医师	口腔正畸（畸形矫正）、牙体牙髓	上午		停诊	预约
		下午		满号	预约
孙佩副主任医师	口腔黏膜、舌体疾病	上午		预约	预约
		下午		停诊	停诊
杨秋燕医师	种植牙齿	上午		满号	预约
		下午	……	预约	停诊
欧东晨副主任医师	牙周疾病、牙体牙髓	上午		满号	预约
		下午		预约	满号
杜欧医师	儿童口腔	上午		停诊	预约
		下午		预约	预约
魏玢医师	洁牙	上午		预约	预约
		下午		预约	预约

26. 林老师哪个时间段去医院就诊比较合适？（　　）（2分）

A. 周四上午　　　　　　B. 周四下午

C. 周五上午　　　　　　D. 周五下午

27. 林老师找哪个大夫就诊比较合适？（　　）（2分）

A. 张春波医师　　　　　B. 杨秋燕医师

C. 孙佩副主任医师　　　D. 欧东晨副主任医师

三、写作（30分）

28. 林老师牙疼得实在受不了，只能提前去看医生了，去得匆忙，来不及请假。林老师发了一条短信给班长小明，要他告知全班同学，并请他代写一张请假条给吴校长。请你在下列两件事中选择一件完成。【情境材料见阅读（二），5分】

（1）代林老师发一条短信给班长小明。

_____

_____

（2）代班长小明在黑板上写一则通知。

_____

_____

_____

_____

29.你和你妈妈（或爸爸，或爷爷奶奶，或外公外婆）一起做过哪些事（家务劳动或其他劳动、游戏、小制作）？请选择印象最深的一件写下来，题目自拟。（25分）

_____

_____

_____

_____

_____

_____

_____

参考答案

一、语文基础（40分）

1. B 2. C 3. C 4. B 5. B 6. B 7. D 8. A 9. C

10. A 11. D 12. B 13. C 14. B 15. C

16.

小 池

[宋]杨万里

泉眼无声惜细流，树阴照水爱晴柔。

小荷才露尖尖角，早有蜻蜓立上头。

二、阅读（30分）

（一）17. D 18. C 19. A 20. B 21. C

22. 答：红嘴巴鸟①找到了"好朋友"，②知道是巫婆把树变得矮小的。

23. 示例：如红嘴巴鸟评价巫婆的三句话，①前半部分都一样（反复），"噢，原来是这样。那个可恶的老巫婆"；②后半部分不一样（变化），"真是坏透了！""鬼点子真多。""花样真多。"③在语言变化之中，还透露出红嘴巴鸟对巫婆态度的改变，开始有点儿喜欢巫婆了。

24. 示例：（1）树根。因为树根①不忘树的诺言，②请小鹿完成了树的心愿。（2）或小鹿。因为小鹿①善于动脑子，②热心助人，③还会耍点小聪明，如编了一大套善意的谎言"骗"过红嘴巴鸟。

25. 示例：树根看着在会跑会跳的鹿树上，梅花雀、小黄雀、小杜鹃和红嘴巴鸟四个大家庭快快乐乐地生活，高兴地流下了眼泪。树根低头看看自己，突然发现从脚跟处抽出了一棵小树苗，正迎着春风跳舞呢。

（二）26. B 27. D

三、写作（30分）

28.（1）示例：①小明同学，你好。②我的牙很疼，需要赶去看医生。③请帮老师告知全班同学，④并代我写一张请假条给吴校长。谢谢。⑤林老师

（2）示例：①通知（居中）②林老师牙疼，去看医生了。③请同学们遵守纪律、好好上课。④班长转 ⑤11月26日

29. 略。